www.tredition.de

AF161957

Ernährung für Babys im 1. Lebensjahr

HANDBUCH

Das Fütter-ABC für Babys

Herausgeber: © 2020 ElternLeben.de

Verlag & Druck: tredition GmbH, Halenreie 40-44, 22359 Hamburg

ISBN
Paperback: 978-3-347-11269-8

Das Werk, einschließlich seiner Teile, ist urheberrechtlich geschützt. Jede Verwertung ist ohne Zustimmung des Verlages und des Autors unzulässig. Dies gilt insbesondere für die elektronische oder sonstige Vervielfältigung, Übersetzung, Verbreitung und öffentliche Zugänglichmachung.

ÜBER ELTERNLEBEN.DE

ElternLeben.de ist ein digitales Angebot für alle Mütter und Väter. Die Online-Plattform begleitet Eltern in den verschiedenen Phasen von der Schwangerschaft bis zum Teenageralter ihrer Kinder. Sie bietet einen großen **Wissensbereich** („Elternwissen"), der Artikel, Tipps, Interviews, Videos und vieles mehr verfügbar macht. Diese Inhalte werden von Experten aus unterschiedlichen Fachrichtungen verfasst. Hier fließt Expertise und Erfahrungswissen zusammen. In der **Online-Beratung** werden Eltern zu allen Eltern-Themen von Fachleuten schnell und professionell beraten. Der Bereich **Angebote vor Ort** verbindet Eltern mit lokalen Angeboten (Kurse, Beratung etc.) ganz in ihrer Nähe. Eine **Community** und der Aufbau des Bereichs **Häufig gestellte Elternfragen** runden das Gesamtangebot der Plattform ab. www.elternleben.de ist ein digitales Angebot der gemeinnützigen wellcome gGmbH mit Hauptsitz in Hamburg. Der Erlös der Handbücher kommt ausnahmslos der gemeinnützigen Arbeit zugute.

ÜBER DIE AUTORIN

Renate Lieberknecht ist auf ElternLeben.de die Expertin rund um das Thema Ernährung. Sie berät in unserer **Online-Beratung** und schreibt Inhalte für unseren Wissens-Bereich. Frau Lieberknecht ist Diplom-Ökotrophologin und arbeitet seit über 20 Jahren als Ernährungsberaterin. Dabei hat sie sich auf die Ernährung von Babys, Kindern und Jugendlichen spezialisiert. Um Eltern umfassend im Umgang mit Essen und Ernährung beraten zu können, absolvierte sie außerdem eine Weiterbildung als systemische Beraterin.

Ihre Schwerpunktthemen sind frühkindliche Essprobleme und Fütterstörungen, Adipositas, Nahrungsmittelallergien sowie die Essstörungen Anorexie und Bulimie.

Renate Lieberknecht ist verheiratet und Mutter von zwei erwachsenen Kindern. Das Thema Ernährung ist für sie auch privat ganz wichtig, denn sie kocht und isst mit Neugier und Spaß und möchte das auch jungen Familien gerne vermitteln.

Inhaltsverzeichnis von A – Z

Einleitung 10

A – Anfangsnahrung 11

A – Allergien vorbeugen durch die Ernährung? 15

B – Von der Flasche zum Brei – Ernährungstipps zur Beikost 23

B – Bio für mein Baby? 29

C – Calcium 30

D – Durchblick im Babyregal – Babynahrungsprodukte 31

E – Der Ernährungsfahrplan ab dem 10. – 12. Monat 33

E – Eisen 38

E – Essen lernen 39

F – Flaschennahrung zubereiten 41

F – Vom Brei zum Familienessen – Infos und praktische Tipps 46

F – Fütterstörungen 49

F – Fisch für Babys? 50

G – Gläschen kaufen oder selber kochen? 51

G – Gemüse! Bunt und gesund 53

G – Getränke für Babys 55

G – Gewicht und Größe meines Babys? 56

H – Hunger und Satt! Ganz wichtige Signale 57

H – Hygiene in der Küche 58

H – Honig für Babys? 59

I – Informationen über Babyernährung 60

J – Jod 62

J – Joghurt, Quark & Co. 63

K – Kuhmilch für Babys? 64

L – Reif für den Löffel – Praktische Tipps 65

M – Welche Mengen soll mein Baby essen? 71

M – Welche Milch im 1. Lebensjahr 72

N – Zusätzliche Nährstoffe im 1. Lebensjahr 77

N – Neue Lebensmittel ausprobieren 78

O – Obst 80

Öl – Viel Energie und gute Fettsäuren 81

P – Probleme beim Füttern oder Stillen 82

Q – Qualität von Babynahrung 84

R – Rezepte für Babybrei 85

S – Zwölf gute Gründe für das Stillen 90

S – Salz 96

T – Tipps und Tricks fürs Essenlernen 97

T – Trinken lernen und Durst löschen 100

U – Übung macht den Meister 102

V – Vegetarische und vegane Ernährung für Babys 104

W – Welches Wasser eignet sich für Babynahrung? 106

W – Baby led-weaning – Eine Abstillmethode 107

Z – Zutatenlisten – was steckt drin in diesem Produkt? 110

Z – Zucker in Babynahrung! wie kann ich das erkennen? 111

Z – Zöliakie 112

EINLEITUNG

Liebe Eltern,

die Ernährung eines Babys ist für stillende Mütter in den ersten Wochen und Monaten meist recht einfach, wenn der Stillstart gelungen ist. Auch das Fläschchengeben wird schnell zur Routine, wenn man weiß, welche Anfangsmilch die richtige ist. Doch wenn ein Baby zwischen fünf und sieben Monate alt ist, beginnt eine neue Phase in der Ernährung eines Säuglings: die Beikost. Und ab dem zehnten Monat beginnt der Übergang zum gemeinsamen Essen am Familientisch.

Dieses Baby Fütter-ABC hat nicht den Anspruch, alle Fragen und Themen zu beantworten, kann dir aber zu den wichtigsten Phasen der Ernährung im ersten Lebensjahr und zu den relevantesten Stichwörtern wertvolle Informationen liefern. Es lohnt sich, dass ihr als Eltern Zeit und Mühe investiert, denn diese frühe Ernährungsphase prägt das Essverhalten eures Kindes für viele Jahre.

Viel Spaß beim gemeinsamen Kochen und Essen!

Dein ElternLeben.de-Team

A – ANFANGSNAHRUNG

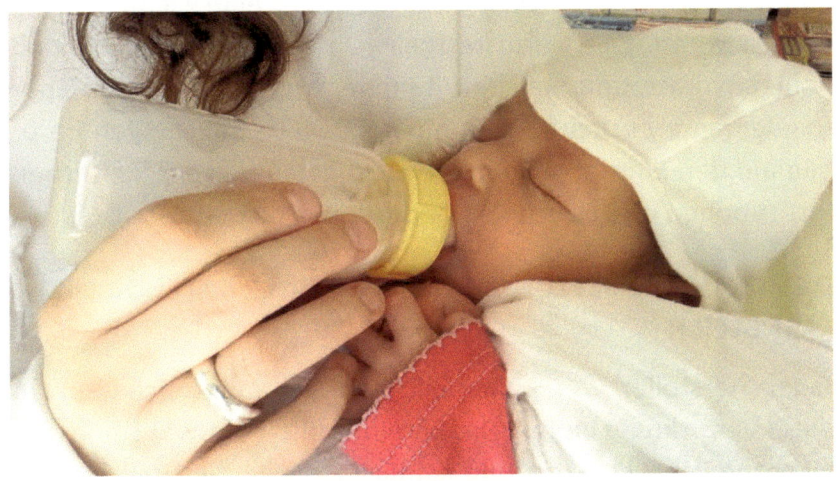

NICHT GESTILLTE BABYS BRAUCHEN FERTIGMILCH

Keine Sorge! Auch wenn nicht gestillt wird, gibt es eine gute Alternative, mit der ein Baby gut wachsen und gedeihen kann: Säuglingsanfangsnahrung auf Pulverbasis.

Aber welches Produkt ist am besten für das Baby? Hier den Durchblick vor dem Babyregal im Super- oder Drogeriemarkt zu bekommen und sich zu entscheiden, ist gar nicht so einfach. Die Aufschriften sind verwirrend. Jede Sorte und jede Marke scheint noch besser zu sein als alle anderen. Aber wie unterscheiden sich die Produkte? Und welches Produkt ist für dein Baby geeignet? Darüber informieren wir dich jetzt.

DIE ZUSAMMENSETZUNG IST GESETZLICH GEREGELT

Die Zusammensetzung und die Herstellung von Säuglingsanfangsnahrung ist gesetzlich geregelt. Das ist eine wichtige Information vorab. Es ist also festgelegt, wieviel Eiweiß, Fett und Kohlenhydrate und welche Vitamine, Mineralstoffe und Spurenelemente enthalten sein müssen. Diese Regelungen beruhen auf den Empfehlungen der wichtigsten wissenschaftlichen Institutionen im Bereich der Kinderernährung.

DIE ZUSAMMENSETZUNG INNERHALB EINER KATEGORIE IST FAST GLEICH

Jeder Hersteller von Pulvermilchnahrung muss sich also an diese Verordnung halten. Das vereinfacht die Auswahl eines geeigneten Produktes: sie sind nämlich nahezu identisch von der Zusammensetzung, unabhängig vom Hersteller, dem Markennamen oder dem Preis. Das gilt aber nur innerhalb einer Kategorie, also zum Beispiel bei allen Pre- oder bei den 1er Nahrungen. Zwischen Pre-Nahrungen oder bei den 1er-Nahrungen sind natürlich schon Unterschiede. Das würde ja sonst keinen Sinn ergeben.

MÖGLICHST NAHE AM MODELL „MUTTERMILCH" – DESHALB WEITERE ZUTATEN

Alle namhaften Babynahrungshersteller versuchen seit vielen Jahren, das große Vorbild Muttermilch „nachzubauen". Dazu wird intensiv geforscht. Je näher am Vorbild, desto besser – das ist das Ziel. Deshalb gibt es im Babyregal immer wieder neue Produkte mit „verbesserter Rezeptur" – so wird das dann genannt. Natürlich werben die Hersteller auch für diese besonderen Inhaltsstoffe, meistens auf der Vorderseite der Verpackungen. Die Verbraucher sollen das ja schließlich wissen. Sie schreiben zum Beispiel Abkürzungen für besondere Fettsäuren darauf oder hängen dem Markennamen noch eine Erweiterung an.

WELCHE NAHRUNG FÜR DAS NEUGEBORENE?

Für den Anfang empfehlen alle Fachgesellschaften die sogenannte Pre-Milchnahrung oder auch eine 1er-Nahrung. Sie enthält Lactose, den Milchzucker. Der ist auch in Muttermilch enthalten und besonders gut verdaulich. Pre- oder 1er-Milchnahrung kann das ganze 1. Lebensjahr lang gefüttert werden. Die Zusammensetzung ist zwar für junge Säuglinge optimiert, aber wenn später Breie dazukommen, reicht diese Nahrung vollkommen aus. Das bedeutet, dass man nicht auf 2er- oder 3er-Nahrung umstellen muss. Diese können Zutaten enthalten, die in einer Säuglingsmilchnahrung überflüssig sind z.B. Vanillearoma oder Stärkeprodukte.

DIE WAHL EINES GEEIGNETEN PRODUKTS

Am Beispiel einer Pre-Nahrung erklären wir jetzt, wie man sich für ein bestimmtes Produkt entscheiden kann. Schau dir zunächst verschiedene Pre-Nahrungen an. Das kannst du auf der Webseite des Herstellers machen oder vor dem Babyregal im Supermarkt. Dann kannst du dir überlegen, ob das Produkt noch weitere Besonderheiten aufweisen soll. Du kannst aber auch nur nach dem Preis gehen, das ist kein Problem. Denn mit allen Produkten wird dein Baby das bekommen, was es zum Wachsen und Gedeihen braucht, dank der schon genannten Verordnung.

Wenn dir vom Krankenhaus oder deiner Hebamme ein bestimmtes Produkt empfohlen wurde und wenn dein Baby das gut verträgt und du damit zufrieden bist, dann kannst du natürlich auch dabei bleiben. Ein Wechsel auf ein anderes Produkt hat meistens keine Vorteile, außer wenn es dafür medizinische Gründe gibt.

SÄUGLINGSMILCHNAHRUNG BITTE NICHT SELBER ZUBEREITEN!

Früher gab es Rezepte, wie man Säuglingsmilchnahrung selber kochen konnte. Davon raten alle Fachgesellschaften dringend ab. Eine selbstgemachte Milchnahrung erreicht in keinem Fall die Qualität einer industriell hergestellten Milchnahrung oder gar der Muttermilch.

A – ALLERGIEN VORBEUGEN DURCH DIE ERNÄHRUNG?

ALLERGIEGEFÄHRDETE BABYS BRAUCHEN SPEZIELLE PRODUKTE

Wenn dein Baby allergiegefährdet ist – zum Beispiel, weil ihr als Eltern Allergien habt – dann ist eine hypoallergene Milchnahrung am besten. Auch diese gibt es von mehreren Herstellern. Du erkennst sie am Zusatz „HA" auf der Verpackung. Das steht für „hypoallergen". Das Eiweiß in dieser Milch ist speziell bearbeitet und dadurch weniger allergen. Es gibt sie als Pre- und als 1er-Nahrung. Mehr Informationen zum diesem Thema findest du in dem Artikel auf ElternLeben.de **„Allergien vorbeugen durch Ernährung"**.

SPUCKENDE UND BAUCHWEHGEPLAGTE BABYS

Wenn dein Baby viel spuckt oder häufig Bauchweh hat, solltest du zuerst mit dem Kinderarzt sprechen. Es gibt einige Spezialnahrungen bei diesen Beschwerden. Aber sie sind „diätetische Lebensmittel für besondere medizinische Zwecke" und sollten deshalb nur nach ärztlicher Empfehlung und unter Aufsicht verwendet werden. Auch ein häufiger Wechsel zwischen verschiedenen Marken ist nicht empfehlenswert. Doch in den meisten Fällen haben häufiges Spucken oder Bauchweh andere Gründe und es liegt nicht an der Nahrung.

KEINE ZIEGENMILCHPRODUKTE, KEINE PFLANZENDRINKS

Von Milchanfangsnahrungen auf Ziegenmilchbasis wird ebenfalls abgeraten. Sie haben nicht den hohen Standard der Nahrungen auf Kuhmilchbasis. Auch Allergien kann damit nicht vorgebeugt werden. Und übrigens: Milchersatzprodukte auf Basis von Pflanzen, z.B. Soja-drinks, Mandeldrinks, Haferdrinks und ähnliches, sind völlig ungeeignet für Babys und Kleinkinder. Sie enthalten viel zu wenige und nicht die richtigen Nährstoffe für das sehr rasche Wachstum vor allem im 1. Lebensjahr.

Allergische Erkrankungen wie Asthma, Neurodermitis, Allergien gegen Lebensmittel oder Pollen gehören zu den häufigsten Erkrankungen bei Kindern. Juckende Haut, quälende Hustenanfälle oder Bauchschmerzen mit Durchfall sind für die betroffenen Kinder und Eltern sehr belastend. Leider gibt es aktuell keine Therapien, mit der die Ursachen behandelt werden können, sondern nur Therapien, um die Beschwerden zu lindern (Stand: 2019). Was liegt näher als darüber nachzudenken, ob und wie man Allergien vorbeugen könnte? Vor allem über ein Thema wird häufig diskutiert, nämlich, ob man über die Ernährung vorbeugen kann. Ja, ein bisschen, lautet die Antwort, die wir hier geben. Aber leider ohne Garantie.

WELCHES RISIKO HABEN BABYS?

Grundsätzlich haben Babys dann ein erhöhtes Risiko für eine Allergie, wenn Eltern oder Geschwisterkinder welche haben. Die Neigung zu Allergien wird nämlich vererbt. Das hat die Wissenschaft nachgewiesen. Es bedeutet aber nicht, dass ein Baby mit einer Allergiegefährdung immer eine Allergie bekommen wird.

Das kann, muss aber nicht passieren. Wenn es keine bekommt, dann hat das Baby Glück gehabt. Aber es ist kompliziert: denn auch Kinder, deren Eltern oder Geschwister keine Allergie haben, können eine entwickeln. Vererbung ist also nicht das einzige entscheidende Thema.

WELCHE FAKTOREN SPIELEN EINE ROLLE?

Allergische Erkrankungen werden auch als „multifaktorielle Erkrankungen" bezeichnet. „Multi" bedeutet, dass viele Faktoren eine Rolle spielen. Bei Allergien sind das z.B. das Rauchen, ob es Tiere im Haushalt gibt (vor allem Katzen), Schadstoffe in Innenräumen, Luftschadstoffe- und die Ernährung. Vererbung ist also nicht allein ausschlaggebend. Mit dem Thema Ernährung befassen wir uns jetzt näher. Denn das, was wir täglich essen, das können wir beeinflussen – im Gegensatz zur Vererbung, auf die wir gar keinen Einfluss haben.

MIT DER ERNÄHRUNG VORBEUGEN: DAS BEGINNT SCHON IN DER SCHWANGERSCHAFT

Allergien vorbeugen kann man schon der Schwangerschaft. Denn das werdende Baby wird durch die schwangere Mutter ernährt. Eine gute Ernährung in dieser Zeit wird immer empfohlen, natürlich nicht nur wegen der Allergievorbeugung. Damit werden die Grundlagen für ein gesundes Wachsen des Kindes im Bauch, einer gesunden Entwicklung aller Organe und Funktionen und auch des Immunsystems gelegt. Denn bei allergischen Erkrankungen geht es darum, wie gut das Immunsystem auf unbekannte Stoffe reagiert. Konkret bedeutet gute Ernährung: vielseitig essen (also viele verschiedene, gesunde Lebensmittel), und darauf achten, dass alle wichtigen Nährstoffe in ausreichender Menge aufgenommen werden.

Was kann man sonst noch in der Schwangerschaft machen? Regelmäßig Fisch essen! Wissenschaftliche Untersuchungen haben gezeigt, dass Fisch hilft, atopischen Erkrankungen (z.B. Neurodermitis) vorzubeugen. Das hat etwas mit den gesunden Fettsäuren im Fisch zu tun, die gut für das Immunsystem sind. Es darf also gerne ein- bis zweimal pro Woche Fisch auf dem Speiseplan stehen.

KEINE LEBENSMITTEL WEGLASSEN WÄHREND DER SCHWANGERSCHAFT!

Viele wissenschaftliche Studien haben keinen Beweis gefunden für die Empfehlung bestimmte Lebensmittel in der Schwangerschaft aus Vorsicht wegzulassen, z.B. Milch, Eier, Fisch, Weizen, damit keine Allergie entsteht. Solche Empfehlungen sind in älteren Büchern oder im Internet noch zu finden. Weglassen hat jedoch keine Auswirkung darauf, ob eine Allergie entsteht oder nicht. Für das Baby kann es sogar gefährlich sein, weil Milch, Eier, Weizen oder Fisch wichtige Nährstoffe enthalten, die dann fehlen.

VORBEUGUNG DURCH STILLEN

Wenn das Baby auf die Welt gekommen ist, ist Stillen die beste Ernährung für das Baby, egal, ob es ein Risiko für eine Allergie hat oder nicht. Muttermilch enthält zahlreiche Inhaltsstoffe, die das Immunsystem des Kindes stärken. Um Allergien vorzubeugen, wird empfohlen in den ersten vier Monate voll zu stillen. Auch das haben viele Studien ergeben. Für euch als Eltern ist folgendes noch wichtig zu wissen: es gibt nur Studiendaten für die ersten vier Monate, mit denen man diesen Nachweis erbringen konnte. Ob ausschließliches Stillen auch nach dem 4. Monat noch etwas bringt oder nicht, weiß man nicht. Du kannst also NACH dem 4. Monat noch voll weiterstillen und beginnst später mit Beikost. Oder du beginnst mit Beikost und stillst teilweise weiter.

VORBEUGUNG DURCH DIE ERNÄHRUNG DER STILLENDEN MUTTER

Hier gilt genau dasselbe, wie bei der Ernährung in der Schwangerschaft geschrieben wurde: auch in der Stillzeit ist eine gesunde, ausgewogene Ernährung der Mutter wichtig. Und auch in der Stillzeit bitte keine Lebensmittel zur Vorsicht weglassen und gerne regelmäßig Fisch essen!

BESONDERE NAHRUNGEN FÜR ALLERGIEGEFÄHRDETE KINDER

Wenn ein allergiegefährdetes Baby nicht gestillt werden kann, braucht es eine spezielle Sorte Milchnahrung, eine sogenannte hypoallergene Milch. Sie ist an der Aufschrift H.A. auf der Verpackung erkennbar. Hypoallergen bedeutet, dass das Eiweiß in diesen Nahrungen schon etwas aufgespalten ist und dadurch weniger allergieauslösend wirkt. H.A.-Nahrung sollte auf jeden Fall in den ersten vier Monaten gefüttert werden. Für diesen Zeitraum gibt es wieder Daten, für die Zeit danach keine mehr. Du kannst die hypoallergene Milchnahrung aber noch länger füttern. Nach dem 6. Lebensmonat ist sie jedoch meistens überflüssig. Babynahrungen auf Sojabasis sind übrigens für die Allergievorbeugung nicht empfohlen.

BEIKOST FÜR ALLERGIEGEFÄHRDETE KINDER

Alle deutschen Fachgremien empfehlen Beikost frühestens nach dem vollendeten vierten, spätestens ab dem vollendeten sechsten Lebensmonat einzuführen. Diese Empfehlung gilt genauso für allergiegefährdete Kinder. Es werden also keine Unterschiede mehr gemacht zwischen Babys mit oder ohne Allergiegefährdung. Das ist ganz wichtig! Denn bis vor einigen Jahren hatte man einen anderen Ansatz: nämlich möglichst lange zu stillen und auch bestimmte, stark allergenwirkende Lebensmittel, also meist Milch, Ei, Weizen, Nüsse, Fisch, im ersten Lebensjahr erstmal wegzulassen. <u>Vorsicht</u>: Diese Information findet man leider noch in älteren Büchern oder im Internet!

DAS IMMUNSYSTEM SOLL TOLERANZ LERNEN

Dass langes Stillen und das Weglassen von Lebensmitteln einen Effekt auf die Entstehung von Allergien hat, dafür gibt es keine Beweise. Bei Milch hat man sogar den gegenteiligen Effekt gefunden. Wenn Kuhmilch im ersten Lebensjahr weggelassen wurde, entwickelten diese Kinder sogar häufiger Kuhmilchallergien. Das Prinzip bei der Beikost ist also: alle Lebensmittel füttern, mit kleinen Mengen beginnen. Dann lernt das Immunsystem, diese Lebensmittel nicht als fremd und störend zu behandeln, sondern sie zu tolerieren. Man ist also vollkommen weg gekommen von Karenz (=weglassen) und möchte stattdessen Toleranz fördern.

Wieder gibt es Hinweise darauf, dass Fisch auch in der Beikost ein besonders wichtiges Lebensmittel ist. Fisch in der Beikost kann helfen, atopischen Erkrankungen vorzubeugen. Deshalb kann ein Baby gerne ein- oder zweimal in der Woche Fisch im Mittagsmenü bekommen.

AUCH BEI ALLERGIEGEFÄHRDUNG: NORMALER BEI-KOSTAUFBAU

Das bedeutet, dass auch ein allergiegefährdetes Kind nach dem ganz normalen Beikostfahrplan ernährt werden kann. Besonders empfehlenswert ist es auch, neue Lebensmittel einzuführen und parallel weiterzustillen.

Man braucht auch nicht eine Woche zu warten, bis man das nächste Lebensmittel einführt um zu schauen, ob das Lebensmittel vertragen wird oder nicht. Zwei bis drei Tage reichen völlig aus. Von Vorteil ist, wenn man selber kocht. Denn dann hat man einen besseren Überblick über die verwendeten Zutaten.

EXKURS: VERTRÄGT MEIN BABY DIESES LEBENSMITTEL? BITTE GENAU PRÜFEN!

Wenn du den Verdacht hast, dass dein Baby ein neu eingeführtes Lebensmittel während des Beikostaufbaus nicht verträgt, weil es zum Beispiel einen Ausschlag oder Durchfall bekommen hat, dann lass dieses Lebensmittel für ein oder zwei Wochen weg. Probiere es danach es aber bitte noch einmal aus. Denn manche Beschwerden eines Kindes, die als Zeichen für eine Allergie interpretiert werden könnten, haben in Wirklichkeit eine andere Ursache. Das herauszufinden ist dann Sache des Kinderarztes. Deshalb bitte nicht selbständig Lebensmittel aus dem Speiseplan verbannen – und vor allem nicht dauerhaft. Es besteht immer die Gefahr, dass es unbegründet ist und dass wichtige Nährstoffe fehlen. Abgesehen davon macht es Stress, darauf zu achten, wo diese Zutat drin ist und wo nicht!

FAZIT: ALLERGIEN VORBEUGEN DURCH ERNÄHRUNG

Das Fazit lautet: Ja, man kann mit der Ernährung vorbeugen. Aber es gibt keine Garantie, dass es klappen wird eine allergische Erkrankung zu verhindern. Schaden wird es jedoch auf keinen Fall! Und alle Tipps zur Ernährung sind leicht umsetzbar. Von einer ausgewogenen, nährstoffreichen Ernährung profitieren Mutter und Kind immer – Allergie hin oder her.

Wer mehr darüber lesen möchte: sehr gute Informationen zum Thema allergische Erkrankungen und auch Broschüren und Beratung gibt es beim Deutschen Allergie- und Asthmabund **www.daab.de**

B – VON DER FLASCHE ZUM BREI – ERNÄHRUNGSTIPPS ZUR BEIKOST

Dein Kind ist „reif für den Löffel"? Du überlegst was du wann füttern sollst, welche Produkte geeignet sind und was dein Baby braucht? In dieser Checkliste geht es um die Ernährungstipps zur Beikost. Die praktischen Tipps findest du unter der Überschrift „Reif für den Löffel?!"

- Welche Breie wann eingeführt werden sollen, wird sehr gut auf der Seite des Netzwerks Junge Familie „Gesund ins Leben" beschrieben. **https://www.gesund-ins-leben.de/inhalt/brei-fahrplan-29435.html** Zur schnellen Orientierung eine kurze Zusammenfassung: zunächst kommt der Gemüse-Kartoffel-Fleisch-Brei, ca. einen Monat später der Milch-Getreide-Brei oder ein Getreide-Obst-Brei und wieder einen Monat später der dritte Brei (derjenige, der bis dahin noch fehlt, also entweder Milch-Getreide oder Getreide-Obst).

- Jeder dieser Breie liefert unterschiedliche Nährstoffe, die die Nährstoffe aus der Muttermilch bzw. aus dem Fläschchen ergänzen. Deshalb ist es wichtig, dass dein Baby jeden dieser drei Breie bekommt, sobald alle Breie eingeführt sind.

- Alle anderen Mahlzeiten während der Beikosteinführung sind entweder Stillmahlzeiten oder Flaschenmilch. Je mehr Breimahlzeiten das Baby bekommt, desto weniger Still- oder Fläschchenmahlzeiten werden es, und umgekehrt.

- Gläschen oder selbstgekocht? Diese Frage ist pauschal nicht zu beantworten. Jede Variante hat Vor- und Nachteile, die an dieser Stelle nicht aufgezählt werden sollen. Jede Familie sollte ihre eigene Entscheidung treffen. Wenn du Zeit und Lust hast und es dir wichtig ist, selber zu bestimmen, was dein Baby bekommt, dann ist Selberkochen eine gute Idee. Wenn es dir aber Stress macht, dann nimm fertige Gläschen. Worauf du dann achten kannst, findest du weiter unten im Text. Vielleicht ist auch eine Mischung aus Fertigkost und selbstgekocht eine gute Lösung für alle.

- Wenn du selber kochen möchtest, aber den Aufwand begrenzen willst, kannst du Breie auch auf Vorrat kochen und einfrieren. Prima Rezepte gibt es auf **www.gesund-ins-leben.de**. Oder du schaust in das Buch „Lotta lernt essen" von Edith Gätjen.

- Wenn du Gläschen nimmst, schau aufs Etikett. Bevorzuge Gläschen mit einer ähnlichen Rezeptur wie das „Netzwerk junge Familien" bzw. das Forschungsinstitut für Kinderernährung empfehlen. Hier eine Faustregel: Je länger die Zutatenliste, desto ungeeigneter ist das Produkt für dein Kind. Die Namen der Gerichte im Babyregal mögen an Gerichte in einem Restaurant erinnern, aber das ist nicht das, was Babys wirklich brauchen. Das Gläschen ist für dein Baby gedacht und nicht für dich.

- Weil Gläschen sehr lange haltbar sind, sind sie geschmacklich immer gleich, während selbstgekochtes unterschiedlicher schmeckt. Neue Studien zeigen, dass Babys und später Kleinkinder offener für neue Lebensmittel sind, wenn sie Selbstgekochtes bekommen. Deshalb ist es eine gute Idee, wenn du zumindest ab und zu auch mal einen Brei selber machst, damit das Kind Geschmacksunterschiede kennenlernt. Manche Kinder verweigern diese Breie zwar, aber probiere es aus, um die Neugier deines Babys zu fördern.

- Auch allergiegefährdete Kinder (Eltern oder Geschwister mit Allergien) können nach diesem Schema an Beikost herangeführt werden. Bis vor einigen Jahren wurde empfohlen starke Allergene wie Milch, Ei, Nüsse, Fisch, Soja oder Weizen im ersten Lebensjahr zu meiden. Diese Empfehlung wurde korrigiert, denn es konnte kein Zusammenhang zur Bildung von Allergien nachgewiesen werden. Leider hört man diese alte Empfehlung immer noch! Es besteht eine höhere Wahrscheinlichkeit, dass der kindliche Körper diese Lebensmittel akzeptiert und nicht mit seinem Immunsystem dagegen kämpft, wenn sie im ersten Lebensjahr gefüttert werden. Das trifft auch bei allergiegefährdeten Kindern zu. Ähnliches gilt für glutenhaltige Getreidesorten (Weizen, Roggen, Gerste, Hafer).

- Immer wieder gibt es Verwirrung, ob Kuhmilch im 1. Lebensjahr geeignet ist. Es ist ganz einfach: für den Milch-Getreidebrei kannst du normale Kuhmilch aus dem Supermarkt verwenden (3,5 % Fettgehalt, H-Milch geht auch). Für die Flasche nimmst du jedoch weiterhin Säuglingsmilchnahrung, also Pulver aus der Packung. Bis zum Ende des 1. Lebensjahres kannst du das so machen.

- Gesunde Babys können dreimal Fleisch, ein- bis zweimal Fisch und bis zu drei vegetarische warme Mahlzeiten pro Woche bekommen. Gib bei vegetarischen Mahlzeiten bitte noch 10g Vollkornflocken dazu. Die Flocken enthalten das Eisen, das sonst aus dem Fleisch stammt (Anmerkung: in manchen älteren Rezepten ist das noch nicht berücksichtigt). Babys, die sich gut entwickeln, können auch ausschließlich vegetarische Ernährung bekommen.

- Ab wann braucht das Baby zusätzliche Flüssigkeit? Am besten fängst du schon beim ersten Brei damit an, dein Kind an zusätzliche Flüssigkeit zu gewöhnen. Und zwar an Wasser pur! Nötig ist die zusätzliche Flüssigkeit am Anfang noch nicht, weil Brei und Still- oder Flaschenmahlzeiten genügend Flüssigkeit enthalten. Es ist eher eine Art Signal für das Baby: Essen gibt es ab jetzt vom

Löffel und Trinken gibt es aus der Flasche. Vorher war ja beides in einem „Produkt". Ab dem dritten Brei vom Beikostfahrplan braucht das Baby noch zusätzliches Wasser, ca. 200 ml pro Tag.

- Nach aktuellem Kenntnisstand raten alle Fachgesellschaften von veganer Ernährung für Babys und Kleinkinder ab. Babys haben einen enormen Nährstoffbedarf für ihre gesamte Entwicklung. Vegane Ernährung deckt einige der sehr wichtigen Nährstoffe nur unzureichend ab (Eiweiß, Calcium, Jod, Vitamin B12 etc.). Mit der veganen Ernährung eines Babys riskiert man Schäden in der Entwicklung, die unter Umständen nie mehr repariert werden können! Eltern, die das dennoch machen wollen, sollten sich auf jeden Fall von einer qualifizierten Ernährungsberaterin oder einem Erziehungsberater (Expertenpool des Verbandes der Oecotrophologen **https://www.vdoe.de/expertenpool.html** beraten und das Baby regelmäßig medizinisch checken lassen.

- Mit ca. 8 bis 9 Monaten ist dein Baby auch bereit für „Finger-Food" und kann sich damit selber füttern. Brotrinde, Banane, reife Birne, Zwieback, Reiswaffeln und ähnliches kann man dann parallel zum Brei geben. So lernt es neue Konsistenzen kennen und bekommt Spaß am „selber essen". Hier geht es nicht um Mengen oder Nährstoffe, sondern um einen weiteren Entwicklungsschritt: nämlich abbeißen und kauen lernen für den nächsten Schritt, das Familienessen.

- „Baby-led weaning" ist eine neue, aus den USA kommende Methode, bei der es keine Breiphase und kein Füttern vom Löffel durch Mutter oder Vater gibt. Das Kind füttert sich von Anfang an selbst, es bekommt die entsprechenden geeigneten Lebensmittel auf einen Teller oder in die Hand. In Deutschland wird diese Methode aktuell kritisch gesehen. Einerseits, weil manche Babys motorisch noch nicht so weit sind, ausreichende Mengen mit der Hand zu essen. Und es lassen sich auch nicht alle Lebensmittel „stückig" zubereiten (z.B. Milchprodukte). Kritisch deshalb, weil durch diese Methode wahrscheinlich zu wenig Nährstoffe und/oder Kalorien aufgenommen werden. Wenn es dir jedoch wichtig ist, dass dein Baby sich auch selber füttert, so kannst du ihm natürlich auch zusätzlich Finger-Food geben.

B – BIO FÜR MEIN BABY?

Alle Rohwaren, aus denen käufliche Babynahrung hergestellt wird, werden streng kontrolliert. Dafür gibt es verschiedene gesetzliche Vorschriften. Du kannst also davon ausgehen, dass diese Produkte sehr gut kontrolliert sind, z.B. auf Schadstoffe. Das ist wichtig, weil Babys ja sehr empfindlich sind und Schadstoffe vermieden werden sollten.

Bio-Ware zu kaufen, wenn man Babybreie selber kocht, ist eine gute Idee. Es ist aber auch eine Frage des Preises und des saisonalen Angebotes. Auch konventionell erzeugtes Obst und Gemüse unterliegen zahlreichen gesetzlichen Regelungen und sind deshalb genauso gut geeignet wie Bio-Ware. Achte auf regionale und saisonale Angebote, damit vermeidest du schon eine Menge Schadstoffe und du tust etwas Gutes für die Umwelt. Noch wichtiger als die Frage „bio oder nicht bio" ist tatsächlich die Zubereitung. Achte beim Einkaufen auf Frische, lagere das Gemüse nur kurz bzw. bereite es schnell zu. Und vermeide lange Garzeiten, denn dabei gehen viele Nährstoffe kaputt.

C – CALCIUM

Calcium ist ein Baustein von Zähnen und Knochen und deshalb für das Wachstum des Babys besonders wichtig. Unsere Knochen und Zähne sollen ja viele Jahre „halten"! Der wichtigste Lieferant von Calcium ist Kuhmilch, sie ist reich an diesem Nährstoff.

Auch einige pflanzliche Lebensmittel wie z.B. Brokkoli, Grünkohl oder Nüsse enthalten Calcium, allerdings in kleineren Mengen. Die Mengen, die Babys davon essen können, sind zu klein, um genügend Calcium für das Wachstum zu liefern (und Nüsse sind für Babys nicht geeignet).

D – DURCHBLICK IM BABYREGAL

Das Angebot an Gläschen, Breien und anderen Babynahrungsprodukten im Super- oder Drogeriemarkt ist fast unüberschaubar. Aus über 700 Gläschen und Fertigbreien mit phantasievollen Namen können Eltern wählen. Aber sind das alles ernährungsphysiologisch sinnvolle Produkte? Ja, weil sie sonst nicht entwickelt und verkauft würden, denken viele Eltern. Die Experten sagen eher nein. Manche Produkte können eine Zusammensetzung haben, die nicht mit den Empfehlungen übereinstimmen. Und manches ist schlicht weg überflüssig für Babys unter einem Jahr. Vielfalt ist gut für Babys, aber genaues Hinschauen ist wichtiger.

Wie findest du also den Durchblick angesichts dieser riesigen Produktpalette?

Es braucht Zeit, sich über gute Produkte zu informieren und sich dann zu entscheiden. Unsere Empfehlung: am besten zuhause recherchieren und nicht erst beim Einkaufen, wenn du vielleicht unter Zeitdruck stehst oder dein Baby gerade quengelt. Alle Hersteller haben Informationen über ihre Produkte auf der Website. So kannst du in Ruhe surfen und dich entscheiden.

Einige Tipps zur Auswahl:

- Nimm einfach zusammengesetzte Produkte mit einer kurzen Zutatenliste.

- Orientiere dich dazu an den Rezepten des Netzwerks Junge Familie (siehe unter Punkt „Rezepte").

- Schreib dir die Namen der ausgewählten Produkte auf einen Zettel oder in dein Smartphone. Dann geht es beim Einkaufen viel schneller. So eine Liste ist auch empfehlenswert, wenn es noch andere Betreuungspersonen gibt, z.B. eine Oma oder eine Tagesmutter.

E – DER ERNÄHRUNGSFAHRPLAN AB DEM 10. – 12. MONAT

DAS FRÜHSTÜCK

Die erste Mahlzeit am Tag ist das Frühstück. Das war bisher die Flaschen- oder Stillmahlzeit. Das Frühstück besteht aus diesen **4 Komponenten:**

Obst / Gemüse – Getreide – Milchprodukt – zusätzlich Wasser als Getränk

Beispiele:

- Bananenscheiben – Vollkornbrot mit Butter – 1 kleine Tasse Milch
- Apfelkompott – feine Haferflocken – Joghurt (als Müsli)
- Gurkenscheiben (evtl. gerieben) – Vollkornbrot mit Frischkäse – 1 kleine Tasse Milch
- Avocadostücke - Vollkornbrot – 1 kleine Tasse Milch

Anmerkung: Das „zusätzliche Wasser als Getränk" ist wegen der besseren Lesbarkeit des Textes bei den Beispielen nicht extra angeführt. Bitte nicht vergessen!

DER VORMITTAGS-SNACK

Aus dem Getreide-Obst-Brei vom Nachmittag werden jetzt zwei kleine Zwischenmahlzeiten, eine vormittags und eine nachmittags. Beide Snacks sollten milchfrei sein, weil sonst die Milchmenge bzw. die Eiweißmenge pro Tag zu hoch wird. Das würde die Nieren des Babys belasten und kann auch zur Entstehung von Übergewicht beitragen.

Der Vormittags-Snack besteht aus **3 Komponenten**:

Gemüse / Obst – Getreide – zusätzlich Wasser als Getränk

Beispiele:

- Apfelkompott – Reiswaffel
- (Weiche) Birne – Dinkelstange
- Gemüsesticks (evtl. fein gerieben) – Vollkornbrot
- Obstsalat – Vollkornzwieback
- Erdbeeren – Vollkornwaffeln
- Geriebenes Obst – Haferflocken (in Orangensaft eingeweicht)
- Obst – Kekse / Kuchen / Eis (ab und zu)

DAS MITTAGESSEN

Aus dem Gemüse-Kartoffel-Fleisch-Brei oder dem vegetarischen Gemüse-Kartoffel-Getreideflocken-Brei wird ein warmes Mittagessen.

Es besteht aus diesen **4 Komponenten**: Gemüse – Nudeln oder Kartoffeln oder Reis – Fleisch oder Fisch – zusätzlich Wasser als Getränk. Oder in der vegetarischen Variante aus diesen **3-4 Komponenten:**

Gemüse – Nudeln oder Kartoffeln oder Reis – Ei oder Tofu oder Käse – zusätzlich Wasser als Getränk

Beispiele:

- Karotten – Reis – Hähnchengeschnetzeltes Blumenkohl – Pellkartoffeln – Hackbällchen
- Brokkoli – Kartoffelpüree – gedünsteter Fisch
- Erbsen und Möhrengemüse – Kartoffeln - Fischfrikadelle
- Gemüsesauce – Vollkornnudeln (vegetarisch)
- Spinat – Kartoffeln – Rührei (vegetarisch)

Wenn man innerhalb der Komponenten abwechselt, erhält man immer neue Kombinationen und einen vielfältigen Speiseplan mit allen wichtigen Nährstoffen.

DER NACHMITTAGS-SNACK

Diese Zwischenmahlzeit ist von der Zusammensetzung identisch mit dem Vormittags-Snack. Wie dort beschrieben, besteht er aus **3 Komponenten** und enthält wieder keine Milchprodukte.

Obst oder Gemüse – Getreide – zusätzlich Wasser als Getränk

DAS ABENDESSEN

Aus dem Milch-Getreide-Brei, der bisher abends gefüttert wurde, wird nun eine kalte Abendmahlzeit mit diesen **4 Komponenten:**

Gemüse – Getreide – Milchprodukt – zusätzlich Wasser als Getränk

Beispiele:

- Karotten-Apfel-Rohkost (feingerieben) – Vollkornbrot mit Frischkäse – 1 kleine Tasse Milch
- Avocadostücke – Vollkornbrot mit vegetarischem Aufstrich – 1 kleine Tasse Milch
- Gemüserohkost (evtl. leicht gedünstet) – Brezel – Quark zum Dippen
- Gurkenstücke / Kirschtomaten – Vollkornbrot mit mildem Käse – 1 kleine Tasse Milch

Milch und Milchprodukte im Ernährungsfahrplan

In den aktuellen wissenschaftlichen Empfehlungen zur Ernährung im Kleinkindalter sind Milch und Milchprodukte nur für das Frühstück und das Abendessen vorgesehen, jeweils mit einem Becher Milch. Alle anderen Mahlzeiten sollten milchfrei sein. Es spricht nichts dagegen, Joghurt- oder Quarkspeisen zum Beispiel beim Vormittags- oder Nachmittags-Snack anzubieten. Sie sind dann nicht zusätzlich zur Milch am Morgen und Abend, sondern stattdessen. Das bedeutet, dass dann der Becher Milch entfällt. Und wenn morgens Müsli mit Milch oder Joghurt gemacht wird, dann ist die Milchportion da drin und Milch aus dem Becher entfällt dann ebenfalls.

Obst oder Gemüse – bei jeder Mahlzeit dabei

Weil Obst und Gemüse wichtige Nährstoffe enthalten, vor allem Vitamine, Mineralstoffe und Ballaststoffe, sind sie bei jeder der fünf Mahlzeiten dabei. Das ist einfach zu merken. Das macht das „5 am Tag", also insgesamt 5 Portionen Obst oder

Gemüse. Ob püriert, fein gerieben, gedünstet oder aus der Hand – das spielt keine Rolle.

Zucker und Süßigkeiten – bitte sparsam

Viele Eltern versuchen, ihr Baby zuckerfrei zu ernähren. Das geht gut, wenn man frische und naturbelassene Lebensmittel kauft und zubereitet. Dann hat man selber in der Hand, ob und wie viel man süßt. Viele fertig gekaufte Lebensmittel enthalten jedoch Zucker, auch in größeren Mengen. Ein Blick auf die Zutatenliste bzw. die Nährwertinformationen auf der Packung zeigt das. Kinder mögen gerne Süßes, brauchen aber keinen zugesetzten Zucker. Und Verbote für Süßigkeiten nützen nichts. Früher war Zucker fast eine Art Gewürz – weil er so teuer war. Es ist eine gute Idee, das auch heute so zu machen. Gegen eine kleine Süßigkeit ab und zu ist dann nichts einzuwenden.

E – EISEN

Eisen ist ein wichtiger Nährstoff für die Blutbildung und die Muskeln. Damit das Baby von Anfang an gut damit versorgt ist, kommt es mit einem Eisendepot aus der Schwangerschaft auf die Welt. Nach vier bis sechs Monaten ist diese Reserve jedoch in der Regel verbraucht. Eisen muss jetzt über die Beikost zugeführt werden. Hauptlieferant dafür ist das Fleisch aus dem Gemüse-Kartoffel-Fleisch-Brei. Leider wird Eisen im Körper schlecht aufgenommen und die Mengen, die das Baby isst, sind auch recht klein. Mit einem kleinen „Trick" kann diese Aufnahme verbessert werden: mit Vitamin-C-haltigem Obst. Das kannst du als Saft oder als Mus nach dem Mittagsbrei füttern oder bei den Babys, die nur Teilportionen essen, gleich unter den Brei rühren.

Bei Kindern, die vegetarisch ernährt werden, entfällt Fleisch als Eisenlieferant. Sie bekommen stattdessen in den Mittagsbrei eine Extra-Portion eisenreiche Getreideflocken (z.B. 10g Hirse- oder Haferflocken) und eisenreiche Gemüsesorten wie Brokkoli, Fenchel oder Schwarzwurzeln.

E – ESSEN LERNEN

„Essen lernen"? Klingt erst mal komisch, weil es so eine Selbstverständlichkeit ist für uns Erwachsene. Beim „Essen lernen" geht es tatsächlich um mehr als um „Nahrungsaufnahme".

Nehmen wir das Beispiel „gemeinsames Familienessen". Wenn es nur um „Nahrungsaufnahme" gehen würde, dann würde es das nicht geben. Dann würde jeder essen, wann, was und wie er will! Beim gemeinsamen Familienessen geht es um viel mehr. Darum, dass alle gemeinsam essen. Man sitzt zusammen an einem Tisch, gerne mit festen Essplätzen. Es gibt ein Gericht für alle. Das Essen hat einen Anfang und ein Ende. Man redet miteinander. Vielleicht gibt es Rituale. Vielleicht gibt es bestimmte Gerichte an besonderen Tagen. Und vieles mehr.

Kinder lernen, wie das Essen in der Familie gestaltet wird. Dabei sind Eltern die wichtigsten Bezugspersonen, die wichtigsten Rollenmodelle. An ihnen – und natürlich auch an anderen Bezugspersonen oder Geschwistern – orientieren sich Kinder. Wenn Papa keinen Salat isst, dann kann es passieren, dass das Kind auch keinen essen möchte. Wenn Eltern nicht darauf bestehen, dass der Teller leer gegessen wird, dann lernt das Kind, dass seine Hunger- und Sättigungsgefühle respektiert werden.

Wie können Eltern ihre Kinder beim „Essen lernen" unterstützen? Hier ein paar Tipps:

- Eltern bieten das Essen an und entscheiden damit, was es zu essen gibt und wie viel. Das Kind entscheidet, was es davon essen möchte und wie viel davon. Ohne Druck, ohne Drohungen, ohne Diskutieren oder Argumentieren. Eis als Nachtisch gibt es auch ohne vorher Brokkoli zu essen. Wenn du an deine Kindheit zurückdenkst, erinnerst du dich bestimmt an eine Gemüsesorte, die du nicht mochtest und wo man versucht hat, dich zu überreden oder sogar zum Essen gezwungen hat.
- Eltern sorgen für eine angenehme, entspannte Atmosphäre beim Essen. Also Handy weglegen, TV ausstellen und Streitthemen auf später verschieben.
- Keine absoluten Verbote aufstellen, wie „keine Süßigkeiten". Das geht meistens schief. Denn Verbote verlocken dazu, sie irgendwie zu umgehen. Besser sind flexible Lösungen, wie z.B. kleine Mengen, die ab und zu erlaubt werden.
- „Gesund" oder „ungesund": diese Einteilung verstehen Kinder nicht. Für sie zählt allein das Aussehen, und der Geschmack eines Lebensmittels und wie es sich beim Essen anfühlt.
- Und zum Schluss: Bitte nicht mit Essen trösten oder belohnen. Denn wenn ein Kind weint, weil es sich weh getan hat, braucht es Trost und körperliche Nähe bei Mama und Papa. Und keine Gummibärchen. Und für „gut gegessen" braucht es als Belohnung keinesfalls das Spielen mit dem Handy, sondern allenfalls ein nettes Lob.

F – FLASCHENNAHRUNG ZUBEREITEN

Gerade in den ersten Lebenswochen und -monaten sind Babys sehr empfindlich gegen Bakterien, Viren und Infektionen. Infektionen mit krankmachenden Keimen treten zwar selten auf, aber man kann das Risiko dafür senken, wenn man bei der Zubereitung gut aufpasst. Ihre eigene Immunabwehr muss sich erst noch entwickeln. Umso wichtiger ist es, das Baby gut zu schützen, auch beim Füttern. Wenn du stillst, ist das einfach. Denn Muttermilch ist hygienisch immer einwandfrei. Wenn du Säuglingsmilchnahrung fütterst, ist es gut einige wichtige Hygieneregeln zu beachten.

Pulvernahrung ist nie steril, sie kann geringe Mengen an Keimen enthalten. Auch alle Utensilien zur Zubereitung sind nicht steril. Das größte Risiko sind die krankmachenden Bakterien mit dem Namen Escherichia coli (auch E.coli genannt) oder Salmonellen, die zu schlimmen Magen-Darm-Erkrankungen mit Durchfällen und Austrocknung führen können. Die Vermehrung von Bakterien wird entscheidend von der Nahrungstemperatur und der Zeit zwischen Zubereitung und Fütterung beeinflusst. Deshalb immer frisch zubereiten.

So geht´s los:

Eigentlich sollte das selbstverständlich sein, dennoch ist es wichtig: Bevor du eine Milchflasche ansetzt, Hände gründlich und mit Seife unter fließendem Wasser waschen. Arbeitsflächen in der Nähe sollten sauber sein, und es sollten in der Nähe keine rohen Lebensmittel durch eine andere Person zubereitet werden und so vielleicht in den Kontakt mit den Fütter-Utensilien kommen.

Säuglingsmilch vor jeder Mahlzeit frisch zubereiten

Das Wichtigste ist, dass die Milchflasche immer frisch zubereitet und innerhalb von zwei Stunden gefüttert wird. Je frischer die Flasche, desto besser. Je länger sie zubereitet herumsteht, desto größer ist die Gefahr einer Verkeimung. Wenn das Baby nicht alles austrinkt, den Rest wegschütten und nicht für die nächste Mahlzeit nochmal aufwärmen.

Für unterwegs kannst du die Milchflasche vorbereiten: Messe die entsprechende Pulvermenge ab, fülle das Pulver dann in die Flasche und verschließe diese. Abgekochtes, heißes Wasser füllst du in eine saubere Thermoskanne. Dann kannst du unterwegs Wasser in die vorbereitete Flasche geben und einfach auflösen. Keinesfalls solltest du die Milch fertig gemischt in einem Wärmebehälter mitnehmen.

Normales Trinkwasser kann verwendet werden! Meistens!

Das Wasser in Deutschland ist so gut, dass du es unbesorgt für die Zubereitung der Milchnahrung verwenden kannst. Nur wenn es in dem Haus oder in der Wohnung, in der du wohnst, noch Bleileitungen gibt, blanke Kupferleitungen oder Trinkwasser mit hohen Uranwerten, oder wenn das Wasser aus einem Hausbrunnen kommt, dessen Wasserqualität nicht geprüft ist, solltest du abgepacktes Trinkwasser verwenden. Wasser aus Hausbrunnen kann Nitratgehalte haben, die oberhalb der Grenzwerte liegen. Bitte achte darauf, dass gekauftes Wasser den folgenden Hinweis trägt: „Für die Zubereitung von Säuglingsnahrung geeignet". Bitte keine Wasserfilter verwenden, da sich Silberionen lösen, die sich in den Filtern Keime sammeln können und das Verkeimungsrisiko damit insgesamt erhöht wird. Wenn du unsicher bist, kannst du die Trinkwasserqualität bei der Kommune erfragen. Über die Leitungen in der Wohnung fragst du am besten den Hausbesitzer.

Frisches Trinkwasser, leicht erwärmt

Trinkwasser ist ein sehr gut kontrolliertes Lebensmittel. Wenn du den Wasserhahn öffnest, lass es erst eine Weile ablaufen, bevor du es für die Zubereitung der Flasche entnimmst. „Standwasser", also Wasser das mehrere Stunden in der Leitung gestanden hat, z.B. über Nacht, sollte man nicht verwenden, da hierbei die Keimbelastung deutlich höher ist. Wenn du den Wasserhahn öffnest, kommt das Wasser zunächst warm aus der Leitung. Außerdem kann es sein, dass der erste Teil eine Weile in der Leitung gestanden hat. Dadurch kann es Keime enthalten. Das vermeidest du, wenn du das Wasser aus der Leitung erstmal eine Weile ablaufen lässt, bis es frisch und kalt ausläuft.

Unser Tipp: das ablaufende Wasser auffangen und damit Blumen gießen. Danach kannst du die gewünschte Wassermenge im Topf oder in einem Wasserkocher erwärmen, am besten auf lauwarm, also maximal 40 Grad. Das kannst du z.B. in einem Wasserkocher (für Babys) mit Temperaturangabe machen oder mit einem Thermometer oder an der Wange prüfen. Bei 40 Grad geschüttelt, löst sich das Pulver leicht auf und es wird vermieden, dass sich das Baby an zu heißer Milch verbrüht.

In manchen Fällen: Wasser abkochen

Wer sichergehen möchte, oder wenn das Baby sehr geschwächt ist, kann man das Wasser in den ersten Lebenswochen oder -monaten auch abkochen und anschließend auf 30-40 Grad abkühlen lassen, bevor die Nahrung angerührt wird. Boiler sind hygienisch problematisch. Abkühlen ist wichtig, um Verbrühungen zu vermeiden.

Alle Utensilien nach der Mahlzeit gründlich reinigen

Unmittelbar nach der Mahlzeit sollten Flaschen und Sauger sofort und gründlich gereinigt werden. Damit vermeidet man, dass Milchreste antrocknen und die Flasche später schwieriger zu säubern ist. Am besten mit einer Flaschenbürste säubern und mit klarem Wasser nachspülen. Diese Flaschenbürste solltest du nur für die Babyflaschen verwenden. Es reicht aus, die Fläschchen gründlich mit heißem Wasser und Spülmitteln auszuwaschen.

Auskochen, Sterilisieren oder Spülen in der Spülmaschine bei 65 oder 70 Grad bringt in der Regel keinen weiteren Vorteil im Haushalt. Gummisauger können jedoch mit der Zeit porös werden, und in diesen Ritzen können sich Keime vermehren. Sie sollten deshalb ab und an ausgekocht (mehrmals in der Woche!) und rechtzeitig ausgetauscht werden. Silikonsauger sind weniger empfindlich. Nach der Reinigung alle Gerätschaften trocken aufbewahren, Flaschen am besten mit der Öffnung nach unten auf einem sauberen Geschirrtuch trocknen lassen und dann unter einem frischen Geschirrtuch aufbewahren. Die Packung mit dem Milchpulver gut verschließen, am besten mit einem Clip, und trocken, kühl und sauber lagern. Auf keinen Fall dürfen Milchreste für die nächste Mahlzeit aufbewahrt werden. Denn während dieser Standzeit können sich schädliche Bakterien in der Flasche und am Sauger sehr gut vermehren und werden dann beim nächsten Füttern mitgefüttert.

Dosierung

Neben den oben genannten Empfehlungen zur Hygiene gibt es noch einen weiteren wichtigen Punkt, der extrem wichtig ist: die richtige Dosierung! Auf der Rückseite jeder Verpackung ist aufgedruckt, wie viel Messlöffel Pulver verwendet werden sollen. Bitte halte dich exakt an die Dosierung und miss sorgfältig ab. Messlöffel immer abstreichen. Wenn zu wenig Pulver verwendet wird, wird dein Baby unterfüttert und kann schlecht zunehmen. Wenn zu viel Pulver abgemessen wird, droht die Belastung der Nieren oder Überfütterung, weil dein Baby zu viele Kalorien bekommt. Bitte beachte auch, dass sich die Milchpulvermenge mit dem Alter des Babys verändert. Das mag dir selbstverständlich vorkommen, aber in der Praxis kommt es doch manchmal vor, dass unter- oder überfüttert wird.

F – VOM BREI ZUM FAMILIENESSEN – HILFREICHE INFOS UND PRAKTISCHE TIPPS

Irgendwann ist es soweit: die Breiphase neigt sich dem Ende zu und das Baby beginnt das zu essen, was auch Eltern und Geschwister essen. Bei vielen Babys passiert das zwischen dem 10. und 12. Lebensmonat, bei anderen später, z.B. mit 14 Monaten. Und manche Babys, vor allem die mit älteren Geschwistern, wollen schon mit 8 Monaten ein Brötchen oder das Familienmittagsessen. Das alles ist normal, denn jedes Kind is(s)t anders.

Bis ein Kind alles essen kann, was in der Familie auf den Tisch kommt, dauert es eine Weile. Zwischen „nur Beikost" und „nur

Familienessen" liegen viele kleine Schritte. Nicht alle Lebensmittel sind geeignet, nicht alles lässt sich gut essen, wenn noch wenig Zähne da sind, nicht alles schmeckt auf Anhieb.

Übergangsphase

Es ist eine Phase, in der täglich verschiedene „Essformen" vorkommen können: pürierter Brei, zerdrückte Lebensmittel, Mahlzeiten mit Stücken oder auch harte Lebensmittel aus der Hand. Es ist auch eine Phase, in der Kinder das Essen im wahrsten Sinne des Wortes „in die Hand" nehmen. Nicht mehr gefüttert werden, sondern „selber machen" ist jetzt angesagt: selber löffeln, mit der Gabel aufpieksen, aus der Hand essen, aus einem Becher trinken. Wichtige Erfahrungen, die dem Kind zeigen, dass es etwas selber machen kann und die damit seine Selbständigkeit fördern.

Was (noch) nicht auf den Tisch kommen sollte

In dieser Übergangszeit geht es darum, das Verdauungssystem des Kindes nicht zu überfordern, sondern langsam an neue Lebensmittel, neue Zubereitungen, neue Konsistenzen, neue Mahlzeiten heranzuführen. Scharf gewürztes oder scharf angebratenes Essen ist in der Anfangszeit noch nicht geeignet. Auf rohe tierische Lebensmittel wie Tatar, Mett, Sushi, Rohmilchkäse, Salami oder Bauernhofmilch sowie auf Frischkornmüsli sollte aus hygienischen Gründen ebenfalls noch verzichtet werden. Kleine bzw. harte Lebensmittel wie Nüsse und Kerne, Johannis- oder Heidelbeeren, klein geschnittene rohe Obst- und Gemüsestücke sind ebenfalls am Anfang ungeeignet, da sich kleine Kinder daran schnell verschlucken können. Ansonsten gilt: was Eltern schmeckt, kann das Baby probieren! Auch wenn es am Anfang vielleicht nur kleine Mengen sind, die das Baby isst. Das Essen ist dann nicht nur die „Nährstoffversorgung" oder „sattwerden" sondern eher „neugierig sein", „ausprobieren" und „lecker finden". Und zum Sattwerden gibt es anschließend noch den gewohnten Brei!

Kauen lernen

Motorisch geht es jetzt darum, dass das Kauen angeregt und trainiert wird. Denn festere Lebensmittel können nicht mehr so einfach geschluckt werden wie pürierte Breie. Auch wenn noch nicht so viele Zähne, vor allem Backenzähne, vorhanden sind, können Kinder durchaus kauen lernen und trainieren. Sie schaffen es oft, Lebensmittel zu essen, bei denen Eltern vorher eher skeptisch waren.

Aus Breien werden Mahlzeiten

Bisher bestand die Ernährung des Babys in der Regel aus drei Breimahlzeiten und ein bis zwei Flaschen- oder Stillmahlzeiten. Daraus werden jetzt 5 Mahlzeiten. Babys brauchen diese fünf Mahlzeiten, weil sie wenig Nährstoffreserven, aber einen hohen Bedarf haben. Fünf Mahlzeiten am Tag garantieren eine kontinuierliche Versorgung mit Nährstoffen. Wenn Eltern daran gewöhnt sind, weniger als fünfmal am Tag zu essen, bedeutet das eine Umstellung der Essgewohnheiten.

F – FÜTTERSTÖRUNGEN

Fast alle Babys haben Phasen, in denen sie nicht so gut oder so viel essen wie gewohnt. Das kann zum Beispiel sein, weil sie überreizt sind, krank werden oder wenn sie Zähne bekommen. Oder weil sie leicht abgelenkt werden, wenn es laut ist oder wenn sie nicht in ihrer gewohnten Umgebung gefüttert werden. Wenn dein Baby gesund ist und sich normal entwickelt, bleib ruhig und warte ab, bis es deinem Baby wieder besser geht. Fütterstörungen sind etwas anderes als diese vorübergehenden Fütterprobleme. In den folgenden Fällen solltest du deshalb mit deinem Kinderarzt sprechen:

- Wenn du die Füttersituation länger als einen Monat als problematisch empfindest
- Die Mahlzeiten länger als 45 Minuten dauern
- Der Abstand zwischen den Mahlzeiten weniger als 2 Stunden ist
- Mahlzeiten regelmäßig erbrochen/aufgestoßen/hochgewürgt werden
- Nahrung verweigert wird
- Dein Baby ein ausgesprochen wählerisches Essverhalten zeigt
- Das Baby über einen Monat nur mangelhaft zunimmt

Bei Fütterstörungen kannst du dich auch an sogenannte Schreiambulanzen oder Sprechstunden für Regulationsstörungen wenden. Auch qualifizierte Ernährungsberater können dir weiterhelfen. Adressen findest du auf **www.elternleben.de**

F – IST FISCH FÜR BABYS GEEIGNET?

Selbstverständlich! In vielen Ländern bekommen Babys schon lange Fisch mit der Beikost. Denn Fisch hat viele gesundheitliche Pluspunkte. Er ist leicht verdaulich und steckt voller guter Inhaltsstoffe: hochwertiges Eiweiß, wertvolle Omega-3-Fettsäuren für eine gute Gehirnentwicklung und Jod für das Nervensystem.

Wenn du Breie selber kochst, achte auf grätenfreien Fisch. Gut geeignet sind z.B. Lachs, Seelachs oder Kabeljau. Fisch darf gerne ein- bis zweimal pro Woche auf den Tisch kommen. Übrigens: auch Babys, die allergiegefährdet sind, dürfen gerne Fisch essen (siehe A = Allergien vorbeugen)

G – GLÄSCHEN KAUFEN ODER SELBER KOCHEN?

Ähnlich wie die Frage „Stillen" oder „Flasche" lässt sich dieses Thema endlos diskutieren. Für das Selberkochen lassen sich gute Gründe finden und für Gläschen auch. Und beides kann auch Nachteile haben. Wir finden, dass Eltern frei entscheiden sollten, was am besten für sie passt. Wenn eine Mutter oder ein Vater nicht kochen kann, ist es kein Problem, wenn sie zu Fertigprodukten greifen. Vielleicht habt ihr aber auch Lust, euch neues Wissen und Küchenpraxis anzulernen und auf das Abenteuer „Kochen für das Baby" und später „Kochen für Mama, Papa und das Kind" einzulassen?

Und auf der anderen Seite: Vielleicht kannst du gut kochen und hast dir vorgenommen, Beikost selber zu machen? Aber nun geht es dir vielleicht gesundheitlich nicht gut oder dein Baby ist sehr anstrengend – dann kann Selberkochen noch ein zusätzlicher Stressfaktor sein.

Außerdem kann es auch „Lösungen dazwischen" geben: nämlich einen Teil der Beikost selber machen und den anderen Teil kaufen.

Dennoch hat das Selberkochen einige Pluspunkte: Du kannst selbst bestimmen, aus welchen Zutaten der Babybrei besteht. Die Geschmacksvielfalt ist größer. Denn auch innerhalb einer Gemüsesorte gibt es Unterschiede im Geschmack. Karotten schmecken je nach Sorte, Herkunft und Zubereitung nie gleich.

Deshalb schmeckt Selbstgekochtes auch immer unterschiedlich. Und diese Vielfalt trainiert das Geschmacksempfinden deines Babys. Es gibt einige Hinweise darauf, dass größere Kinder weniger wählerisch beim Essen sind, wenn sie als Babys selbstgekochte Nahrung bekommen haben.

G – GEMÜSE! BUNT UND GESUND

Gemüse ist bunt und gesund: es enthält wertvolle Vitamine, Mineralstoffe, Spurenelemente, Ballaststoffe und sekundäre Pflanzenstoffe. Gemüse kann leicht bitter schmecken, was manche Babys anfänglich nicht akzeptieren.

Sei deshalb geduldig und gib nicht gleich nach dem ersten Mal auf, sondern probiere es immer wieder. Meistens fängt man mit Karotten an. Die schmecken leicht süßlich und sind gut verdaulich.

Das Gemüse-A-B-C für die Kleinen: Aubergine, Avocado, Blumenkohl, Brokkoli, Erbse, Fenchel, Gurke, Kohlrabi, Kürbis, Mais, Mangold, Möhre, Pastinake, Spargel, Spinat, Zuckerschote. Du kannst am Anfang „sortenrein" füttern und später auch verschiedene Gemüse mischen.

Übrigens: Vor Karotten in der Beikost wird manchmal gewarnt, denn sie sollen allergieauslösend sein. Das ist nicht bewiesen. Auch wenn Eltern auf Karotten allergisch reagieren, so bedeutet das nicht, dass das Baby auch allergisch darauf reagieren wird. Denn bei Allergien wird nur die Veranlagung vererbt, nicht aber die „Sorte".

G – GETRÄNKE FÜR BABYS

Dass Trinken wichtig ist, weiß jedes Kind! Aber was bedeutet das im ersten Lebensjahr? In den ersten Monaten, solange nur gestillt oder nur Flasche gegeben wird, ist diese Flüssigkeit ausreichend. Nur wenn es sehr heiß ist oder dein Baby fiebert, kannst du versuchen noch zusätzliche Flüssigkeit zu geben.

Erst mit dem dritten Brei braucht dein Baby zusätzliche Flüssigkeit. Denn auch die Breie enthalten ja Flüssigkeit und außerdem stillst du vielleicht noch oder gibst du die Flasche. Fang aber ruhig schon mit dem ersten Brei an, dein Baby an das Trinken zu gewöhnen. Auch wenn die Mengen nur gering sind, ist es doch ein Lerneffekt: Essen kommt vom Löffel und Trinken aus der Brust, der Flasche und später aus einem Becher.

Das allerbeste Getränk für Babys ist normales Wasser. Du kannst gerne Leitungswasser nehmen. Auch ungesüßte Kräutertees sind gut geeignet, wenn du die Sorten immer mal wieder wechselst. Gesüßter Tee oder gar Instanttee, Obst- oder Gemüsesaft oder auch Schorle solltest du deinem Baby gar nicht erst angewöhnen. Der Zucker in diesen Getränken umspült die Zähne, vor allem dann, wenn die Babys oft und lange an der Flasche nuckeln. Das kann zum gefürchteten „Nuckelkaries" führen, abgesehen von den unnötigen Kalorien. Und von gesüßten Getränken auf Wasser umzusteigen, fällt vielen Kindern sehr schwer.

G – HAT MEIN BABY DAS RICHTIGE GEWICHT UND DIE RICHTIGE GRÖSSE?

Neben Kopfumfang und Längenwachstum ist das Gewicht eines Babys ein ganz wichtiges Maß für das Wachsen und Gedeihen. Fast scheint es, also ob es DAS wichtigste ist. „Schon 8 kg" oder „erst 5 kg" sagen Eltern und sind mehr oder weniger besorgt, auch weil sie ihr Baby mit anderen Babys vergleichen.

Aber: da das Gewicht zum großen Teil genetisch festgelegt wird (wie auch die Größe), empfiehlt sich zunächst der Blick auf euch als Eltern. Schlanke, kleine Eltern haben in der Regel keine großen kräftigen Kinder. Und große, kräftige Eltern haben in der Regel ebenfalls keine kleinen, dünnen Kinder. Jedenfalls dann nicht, wenn diese zur normalen Zeit und gesund auf die Welt gekommen sind.

Ob das Baby die „richtige" Größe oder das „richtige" Gewicht hat, zeigt ein Blick in das Kinderuntersuchungsheft. Wenn sich die Kurve zwischen der 10. und der 90. Perzentile bewegt, ist alles in Ordnung.

Der Kinderarzt überprüft bei den U-Untersuchungen, dass sich das Kind auf seiner „eigenen" Perzentile weiterentwickelt. Erst wenn das Gewicht (oder die Größe) von dieser Perzentile stark abweicht, dann gilt es mit dem Arzt nachzuschauen, woran das liegt und was zu tun ist.

H – HUNGER UND SATT! WICHTIGE SIGNALE

Früher hat man Babys nach Zeitplan gefüttert, meist alle 4 Stunden. Davon ist man völlig abgekommen, zum Glück. Denn Hunger und satt richten sich ja nicht nach einer Uhr. Wichtig für Eltern ist es daher, herauszufinden, wie euer Kind zeigt, dass es hungrig ist, und mit welchem Verhalten, dass es satt ist. Satt ist meistens einfacher zu erkennen.

Hier einige Hinweise für Hunger:
- Suchen und mit den Lippen schmatzen
- An Fingern, Betttuch oder Schmusepuppe saugen
- Unruhe und Strampeln
- Schreien – das ist meist ein spätes, aber sehr deutliches Hungersignal
- Mund öffnen und Kopf zur Brust, zur Flasche oder zum Löffel zu bewegen
- Nach Lebensmitteln greifen / sich in den Mund stecken

Hier einige Hinweise auf Sattsein:
- Aufhören zu saugen / trinken / essen
- Brustwarze / Sauger loslassen
- Entspannter und zufriedener Eindruck / Einschlafen
- Langsamer trinken / essen
- Mund / Lippen zu lassen oder zu pressen, Kopf wegdrehen oder Flasche, Löffel mit Händen abwehren

H – HYGIENE IN DER KÜCHE

Gerade am Anfang sind Babys sehr empfindlich gegen Keime: Denn ihr Immunsystem ist noch unreif. Außerdem lernt das Kind auch erst mit der Zeit all die Keime außerhalb des Mutterleibes kennen.

Deshalb ist eine gute Hygiene in der Küche wichtig. Dazu gehört, dass Spüllappen und Geschirrhandtücher regelmäßig gewechselt werden. Milchreste in der Babyflasche sollten stets weggeworfen werden und niemals wieder aufgewärmt werden. Flaschen und Sauger müssen sorgfältig gereinigt, am Anfang auch ausgekocht werden.

Wenn der Babybrei selbst gekocht oder zubereitet wird, achte auf saubere Schneidbretter. Fisch oder Fleisch immer erst nach dem Gemüse und den Kartoffeln schneiden, oder am besten gleich ein neues Brett nehmen. Gemüse und Obst gut waschen. Reste von frisch gekochtem Mittagsbrei im Kühlschrank abkühlen lassen und spätestens am nächsten Tag verfüttern.

H – HONIG

Honig ist ein natürliches Süßungsmittel. Deswegen vermuten manche Eltern, dass er besser ist als Zucker aus der Tüte. Aber chemisch gesehen sind sie sehr ähnlich, denn sie bestehen aus Zuckereinheiten. Honig enthält zusätzlich noch kleine Mengen an Vitaminen, Mineralstoffen u.a.m. Honig kann jedoch Botulismus-Bakterien enthalten, die für Babys richtig gefährlich werden können, bis hin zu Muskellähmungen und Atemstillstand.

Omas Hausrezepte, z.B. den Schnuller in Honig zu tauchen, damit sich das Baby schneller beruhigt, wunde Brustwarzen mit Honig zu bestreichen oder Babytee mit Honig zu süßen, sind also keine gute Idee.

Alle Experten raten davon ab, Honig im ersten Lebensjahr zu verwenden. Ab dem 2. Lebensjahr können Kinder Honig bekommen, dann ist das Immunsystem weitgehend ausgereift. Gekaufte Babynahrung, die Honig enthält, ist ungefährlich. Denn bei der Herstellung wird der Honig erhitzt und die Bakterien werden zerstört.

Aber: eigentlich hat Honig – und natürlich auch Zucker – in Babyprodukten für das erste Lebensjahr gar nichts zu suchen.

I – WO FINDE ICH GUTE INFORMATIONEN ÜBER BABYERNÄHRUNG

Babyernährung scheint besonders kompliziert zu sein. Je mehr man liest, in Büchern oder im Internet, und je mehr man hört, von Fachleuten oder aus dem Freundeskreis, desto verwirrter kann man werden.

Damit es einfacher für dich wird, haben wir eine Auswahl empfehlenswerter Informationsquellen zusammengestellt. Mit allem, was wichtig ist, wissenschaftlich begründet, mit praktischen Tipps bzw. preiswerten Rezepten.

GESUNDE ERNÄHRUNG VON ANFANG AN – STILLEN, SÄUGLINGSNAHRUNG, BREIE UND GLÄSCHENKOST

Herausgeber: Verbraucherzentrale Hamburg e.V.

Ein Klassiker seit vielen Jahren, der regelmäßig überarbeitet wird.

Zum Bestellen oder als Download unter:

https://www.ratgeber-verbraucherzentrale.de/essen-trinken/gesunde-ern%C3%A4hrung-von-anfang-an-46006760

LOTTA LERNT ESSEN. STILLEN, MILCH UND BABYBREIE. DER RATGEBER FÜRS WIRKLICHE LEBEN.

Von Edith Gätjen; Trias Verlag 2017.

Die Autorin, selber Mutter von vier Kindern und einer Enkeltochter, begleitet ein Baby (Lotta) und seine Eltern im ersten Ernährungs-Lebensjahr. Viele Tipps, sehr liebevoll geschrieben.

DAS BESTE ESSEN FÜR BABYS

Herausgeber: Bundesanstalt für Landwirtschaft und Ernährung

Sehr empfehlenswerter Flyer, kurz und knapp mit den wichtigsten Infos. Essens-Fahrplan für das erste Lebensjahr und Grundrezepte für selbsthergestellte Breie. Gibt es auch auf englisch, türkisch, arabisch und russisch. Kostenloser Download unter: **https://ble-medienservice.de/0329/das-beste-essen-fuer-babys**

BABY UND ESSEN

Herausgeber: Netzwerk Gesund ins Leben

Eine App zum Download auf das Smartphone! Mit allem Wissenswerten über das Essen im ersten Lebensjahr und einem Brei-Kalkulator zum Vorkochen und Einfrieren von Breien. Kostenloser Download für Android-und Apple-Betriebssysteme **https://www.gesund-ins-leben.de/inhalt/apps-fuer-eltern-29409.html**

J – JOD

Jodmangel äußert sich nicht nur in Veränderungen der Schilddrüse, sondern kann auch Stoffwechsel- und Wachstumsprozesse verschlechtern Das führt bei Säuglingen, Kleinkindern und Kindern zu einer Vergrößerung der Schilddrüse (Struma), vor allem aber auch zu Störungen des Längenwachstums, zu Hördefekten oder zu Lern- und Konzentrationsproblemen.

Gestillte Säuglinge von Müttern, die ihren Jodbedarf ausreichend decken, sind genügend mit Jod versorgt. Bei unzureichend mit Jod versorgten Müttern droht dem Säugling ein Jodmangel. Deshalb sollten stillende Mütter auf jeden Fall Jodsalz und eventuell auch Jod in Tablettenform nehmen. Nicht gestillte Babys brauchen mit Jod angereicherte Säuglingsmilchnahrung. Das machen alle Babynahrungshersteller. Viele Beikostprodukte ab dem 6. Monat enthalten Jod, z.B. Getreidebreie, Fleisch-Kartoffel-Gemüsebreie – aber nicht alle.

Wenn die Beikost hauptsächlich selbst hergestellt wird – und entsprechend den Empfehlungen für das erste Lebensjahr ohne Salz – so empfiehlt sich die zusätzliche Gabe von Jod in Tablettenform. Manche Babys erhalten Jod zusammen mit Vitamin D. Am besten sprichst du dazu mit deinem Kinderarzt.

J – JOGHURT, QUARK UND MILCHPUDDINGS – LEIDER KEINE GESUNDEN ZWISCHENMAHLZEITEN!

Schon für Säuglinge ab dem siebten Monat gibt es Babypuddings, Milchdesserts und Quarktöpfchen. Werbesprüche auf den Etiketten suggerieren, dass diese Produkte zu einer gesunden Kinderernährung dazu gehören. Und essen nicht auch wir gerne leicht verdaulichen Joghurt und eiweißreichen Quark? Obwohl es sich so gesund und lecker anhört, halten Experten diese „Milchprodukte" für Babys nicht nur für überflüssig, sondern sogar für schädlich.

Denn über eine normal zusammengesetzte Beikost, ergänzt mit Milch in Form von Muttermilch oder Flaschennahrung, bekommt das Baby alles, was es braucht. Zusätzliche Milchprodukte wie Joghurt, Quark oder Pudding liefern zusätzliches Eiweiß. Und das kann Nieren und Stoffwechsel belasten. Außerdem haben Studien gezeigt, dass Babys, die im ersten Lebensjahr zu viel Eiweiß aufnahmen, im späteren Leben häufiger übergewichtig werden. Denn durch die hohe Eiweißmenge werden bestimmte „Insulin-Wachstums-Faktoren" stimuliert. Und: viele dieser Produkte enthalten Aroma- oder Farbstoffe – ebenfalls überflüssig in Babynahrung!

K – KUHMILCH FÜR BABYS?

Kuhmilch ist ein sehr wertvolles Lebensmittel, mit hochwertigem Eiweiß, Calcium und Jod. Ab dem Abendbrei können Babys schon normale Kuhmilch bekommen. Dazu könnt ihr eure ganz normale Familienmilch nehmen. Kuhmilch nimmt man jedoch nur für diesen Brei, alle anderen „Milchmahlzeiten" werden mit Pulvernahrung zubereitet oder sind Stillmahlzeiten.

Kuhmilch ist ein Lebensmittel, das in den letzten Jahren sehr in Verruf geraten ist. Milchkritiker führen zahlreiche Argumente auf, die zeigen sollen, dass Kuhmilch krank macht. Die vielen gesundheitlichen Vorteile werden in der Regel verschwiegen.

Egal, wie man dazu stehen mag: der gesundheitliche Wert von Kuhmilch in der Säuglingsernährung, sei es mit industriell hergestellter Säuglingsnahrung – die übrigens auch auf Kuhmilchbasis ist – oder mit Kuhmilch in der Beikost oder später aus dem Becher, ist unbestritten.

L – REIF FÜR DEN LÖFFEL – PRAKTISCHE TIPPS

In dieser Checkliste findest du einige allgemeine Hinweise zur Beikost und praktische Tipps. Wenn du dich für die Ernährungstipps interessierst, findest du diese unter der Überschrift „Von der der Flasche zum Brei".

Saugen ist angeboren, Löffeln muss gelernt werden!

In den ersten 4 bis 6 Monaten werden Babys gestillt oder mit Säuglingsmilchnahrung aus der Flasche gefüttert. Also Essen und Trinken in „einem" Produkt! Danach kommt die Beikost ins Spiel, das Essen vom Löffel. Beikost ist ein wichtiger Schritt in der Essensentwicklung deines Kindes. Der Verdauungstrakt ist soweit ausgereift, dass auch andere Lebensmittel als Muttermilch bzw. Säuglingsmilchnahrung verdaut und vertragen werden. Beikost ist auch wichtig, weil die Reserven, die das Baby aus der Schwangerschaft mitbekommen hat, langsam zu Ende gehen (z.B. beim Eisen) und weil für das Wachsen und Gedeihen noch mehr Nährstoffe gebraucht werden.

Damit der Übergang von der Brust oder Flasche auf Brei gut gelingt, hier ein kleiner Überblick mit praktischen Tipps:

Beginn der Beikost

Ist dein Baby zwischen vier und sechs Monate alt (in Wochen: zwischen 17 und 26 Wochen)? Beikost sollte FRÜHESTENS mit BEGINN des 5. Lebensmonats, aber SPÄTESTENS mit BEGINN des 7. Lebensmonats gegeben werden. Das empfehlen die für Deutschland relevanten Fachgesellschaften, z.B. das Forschungsinstitut für Kinderernährung (Anmerkung: Die Weltgesundheitsorganisation WHO hat andere Empfehlungen. Bitte davon nicht irritieren lassen! Weltweit herrschen ja recht unterschiedliche Bedingungen, z.B. was die Hygiene oder die Trinkwasserqualität angeht, deshalb wird für viele Länder ein längeres Stillen empfohlen.)

Reifezeichen

Den richtigen Zeitpunkt bestimmt nicht der Kalender, sondern dein Baby. Es zeigt dir, wann es soweit ist. Achte auf die folgenden Reifezeichen deines Babys:

- Es kann mit Unterstützung aufrecht sitzen.
- Es kann sich einigermaßen vom Rücken auf den Bauch drehen.
- Es ist nach der Milch noch hungrig oder meldet sich schon nach kurzer Zeit erneut.
- Der Zungenstreckreflex, den das Baby zum Saugen braucht (vor - zurück) hat sich zurückgebildet und es kann die Zunge auch seitwärts bewegen. Es schiebt den Brei also nicht mehr mit der Zunge wieder raus.
- Das Baby schaut neugierig auf den Teller der Eltern und will anscheinend dasselbe essen wie sie. Das kann ein Hinweis sein, muss es aber nicht. Denn Babys sind wunderbare „Nachmacher". Sie wollen auch das machen, was Andere vormachen.

Kleine Schritte führen zum Erfolg

Es ist gut, das Baby in kleinen Schritten umzugewöhnen. Nicht nur dein Baby, sondern auch du musst dich daran gewöhnen, dass ein neuer Essensabschnitt beginnt. Beikost füttern ist immer auch ein Zusammenspiel, ein gegenseitiges aufeinander reagieren zwischen Mutter oder Vater und Kind.

Geduld und Hunger sind erforderlich

Wenn dein Baby den Löffel mit dem Brei ablehnt, kann das viele Gründe haben, es muss nicht unbedingt am Geschmack des neuen, unbekannten Lebensmittels liegen. Denn Gründe sind vielleicht gar nicht „auf dem Löffel"! Vielleicht ist dein Kind schon sehr müde, wenn du mit dem Füttern beginnst, oder krank, überhaupt nicht hungrig, oder noch nicht reif fürs Löffeln? Wähle also einen Zeitpunkt, an dem dein Kind gesund und munter ist. Es sollte hungrig sein, sonst wird es den Mund möglicherweise nicht öffnen. Wenn es nicht gleich klappt, sei geduldig und versuche es ein anderes Mal wieder.

Geschmack muss gelernt werden

Geschmack muss übrigens gelernt werden! Es kann einige Anläufe und einige Wiederholungen brauchen, bis ein unbekannten Lebensmittels „schmeckt". Sieben bis zehnmal steht in der Literatur. Vielleicht ist es weniger, vielleicht auch mehr, man muss einfach Geduld haben und dranbleiben.

Lätzchen und andere Schutzmaßnahmen

Am Anfang kann es passieren, dass vieles nicht im Mund deines Kindes, sondern auf dem Tisch oder auf dem Boden landet. Am besten also einen großen Latz umbinden. Wenn unterhalb des Hochstuhls ein empfindlicher Teppich liegt, räum diesen lieber weg. Oder decke ihn mit einer Plastikfolie oder mit einer Kunststoffmatte wie für Schreibtischstühle ab. Dann ist das Saubermachen einfacher! Das ist zwar optisch nicht so schön, aber es ist ja nur vorübergehend.

Der richtige Löffel und Sitz

Zum Füttern nimmst du am besten einen Plastiklöffel, den du gut füllst. Dadurch wird der Schluckreflex besser ausgelöst, als wenn nur ein bisschen auf dem Löffel ist. Ein flacher, weicher, flexibler Löffel mit einem kurzen Stil ist gut geeignet. Setze das Baby in einen Maxi-Cosi, später dann in einen Hochstuhl, oder setze dich selber mit angewinkelten Beinen auf den Boden und lege das Baby auf deine Oberschenkel.

Wie viel ist genug?

Wie viel Brei muss ein Baby essen? So viel wie im Rezept oder im Gläschen? Kinder sind unterschiedlich, manche brauchen mehr, manche weniger. Wenn dein Kind den Kopf wegdreht oder den Mund nicht mehr aufmacht, so akzeptiere das als Zeichen, dass es satt ist. Du kannst freundlich noch ein-, zweimal probieren, ob es noch etwas möchte. Aber übe bitte keinen Druck aus oder beginne, dein Kind mit Spielzeug oder mit dem Handy abzulenken. Dein Kind bestimmt, wie viel es isst. Diese sogenannte Selbstregulation beim Essen ist etwas sehr Wichtiges für das ganze Leben. Vergleiche nicht die Menge, die dein Baby isst mit der Menge eines anderen. Was dem einen reicht, langt dem anderen noch lange nicht und umgekehrt. So wie beim Krabbeln- und Laufenlernen gibt es einfach Unterschiede.

Auch Trinken will gelernt sein

Manchen Kindern fällt das Trinken aus einem Becher leichter als aus der Flasche. Der kleine Becher, der auf vielen Babyflaschen als Verschluss bzw. Schutz des Saugers drauf ist, ist zum

Trinken lernen sehr gut geeignet. Fülle den Becher bis kurz unter den Rand mit Wasser und setze ihn unterhalb der Unterlippe des Babys an. Wenn du dann den Becher „kippst", gelangt schnell Flüssigkeit in den Mund des Babys. Aus Angst vor Verschütten oder vor Verschlucken füllen Eltern oft nur wenig Wasser in den Becher, aber das ist motorisch viel schwieriger als aus einem gut gefüllten Becher zu trinken.

Unser Tipp zum Schluss:

Wenn dein Baby sich so gar nicht auf das Essen mit dem Löffel einlassen möchte, obwohl du dir ganz viel Mühe gegeben hast und es auch schon lange mit verschiedenen Strategien ausprobiert hast, solltest du dich an deinen Kinderarzt wenden um herauszufinden, woran das liegt.

M – WELCHE MENGEN SOLL MEIN BABY ESSEN?

Diese Frage führt ganz häufig zu Verunsicherungen bei Eltern. Sie sehen, dass ein anderes, gleichaltriges Kind viel mehr isst als das eigene, eine „ganze Portion" verputzt, während das eigene vielleicht schon nach der Hälfte des Gläschens anscheinend satt ist und den Mund nicht mehr öffnet. Die Vorstellungen über die „richtige" Menge gehen deshalb weit auseinander.

Denn auch auf den Verpackungen stehen Angaben für eine „normale" Portion. Aber: Gesunde Babys sind völlig unterschiedlich in ihren Essensbedürfnissen. Deshalb essen Babys unterschiedlich viel! Manche brauchen eine größere Portion als auf der Verpackung steht, weil sie sehr aktiv oder so veranlagt sind, manche essen kleinere Portionen, weil sie ruhiger sind oder einfach weniger brauchen, bis sie satt sind.

Aber woran merkt man dann, dass es die „richtige" Menge ist? Das merkt man, wenn es dem Baby gut geht nach dem Essen. Und wenn es gut gedeiht, gut wächst, fit und aktiv ist: dann war es die richtige Menge. Deshalb – und wie bei anderen Themen auch: vergleiche dein Baby lieber nicht mit anderen Babys, sondern vertraue darauf, dass es seinen Hunger und sein Sattsein selber regulieren kann. Denn gesunde Babys regulieren ihre Essmengen selber, wenn man sie in Ruhe lässt. Sie essen mehr, wenn sie hungrig sind, und sie lassen den Mund früher zu, wenn sie weniger hungrig sind.

M – WELCHE MILCH IM ERSTEN LEBENSJAHR

Gar nicht so einfach, für einen Laien – und das sind wir als junge Eltern erst mal – den Durchblick beim großen „Milchangebot" für Babys zu haben. Einen Überblick über die verschiedenen Milcharten für Babys im ersten Lebensjahr erhältst du hier - über geeignete und ungeeignete Nahrung und über Spezialnahrungen. Hier die Details:

Muttermilch

Die natürlichste und beste Ernährung für das Baby. Alles Wichtige drin, immer dabei. Entweder Stillen oder abgepumpt mit der Flasche geben. Nach Bedarf des Babys füttern. Bis zum Beginn der Beikost ist das die alleinige Nahrung. Auch Teilstillen ist wertvoll. Gerne während der Beikost weiterstillen, solange, wie Mutter und Kind das wollen.

Säuglingsmilchnahrung

Industriell hergestellte Pulvernahrung aus dem Super- oder Drogeriemarkt. Für nicht gestillte Babys oder beim Teilstillen. Gibt es als Anfangs- und als Folgenahrung.

Anfangsnahrung: Aufschrift Pre- oder 1 auf der Verpackung. Kontrollierte Produkte, hohe Standards, Zusammensetzung gesetzlich geregelt. Pre-Nahrung ist adaptiert an Muttermilch, deshalb Laktose als einziges Kohlenhydrat. 1-Nahrung ist teiladaptiert, enthält weitere Kohlenhydrate (z.B. Stärke, Maltose oder Maltodextrin), deshalb etwas dickflüssiger und ab ca. der 6. Woche einsetzbar. Unterschiede in der Verträglichkeit oder für das Gedeihen zwischen Pre und 1 nicht nachgewiesen. Für das gesamte erste Lebensjahr geeignet, auch während Beikost. Nach Bedarf des Babys füttern, Hunger- und Sättigungssignale beachten.

Folgenahrungen: Aufschrift 2 oder 3 auf der Verpackung. Enthält deutlich mehr Kohlenhydrate (Stärke, Maltodextrin u.a.) als Anfangsnahrung, auch in Form von Zuckern oder Fruchtzusätze. Nicht notwendige Produkte während Beikost, Pre oder 1 kann weitergefüttert werden (s.o.). Weitere Lebensmittel decken dann den zusätzlichen Nährstoffbedarf. Aufschrift „ab 6. Monat" bzw. ab „10. Monat" missverständlich, es gibt keine zwingende Reihenfolge der Nahrungen. Folgenahrungen haben keine wesentlichen Vorteile bezüglich Sättigung oder Durchschlafen. Wenn überhaupt, dann frühestens mit Beginn der Beikost geben.

HA-Nahrung: Für allergiegefährdete Babys im ersten Lebenshalbjahr. HA = hypoallergen =weniger allergen. Gibt es als Pre oder 1-Nahrung. Hohe Qualität, kontrollierte Zusammensetzung. Auf Basis von Kuhmilcheiweiß hergestellt. Enthält teilhydrolysierte („gespaltene") Eiweiße. Dadurch seltener allergieauslösend. Leicht bitterer Geschmack, von Säuglingen trotzdem gut akzeptiert. Überflüssig, wenn Baby Beikost bekommt, da weitere, mögliche Lebensmittelallergene auf den Speiseplan kommen. Dann herkömmliche Säuglingsnahrung nehmen (Pre oder 1).

HA-Nahrung auch als 2- oder 3-Folgenahrung erhältlich. Allergievorbeugende Wirkung nicht nachgewiesen, daher nicht notwendig. Babys ohne erhöhtes Allergierisiko mit herkömmlicher Säuglingsmilchnahrung füttern.

Kuhmilch

Für die Zubereitung des Milch-Getreide-Brei kann Kuhmilch aus dem Supermarkt verwendet werden. Ab Beginn des 6. Lebensmonats. Menge bis zu 200 ml für diesen Brei. Milch sollte wärmebehandelt sein, also pasteurisiert oder H-Milch. Keine Roh- oder Vorzugsmilch nehmen, kann krankmachende Bakterien enthalten. Kuhmilch nur für den Abendbrei vom Löffel einsetzen, ansonsten weiter stillen oder für die Flasche Säuglingsmilchnahrung verwenden. Sonst zu viel Eiweiß für das Baby. Wenn Breimahlzeit durch Brotmahlzeit ersetzt wird (Ende 1. Lebensjahr), Milch auch als Getränk aus Becher zum Frühstück oder Abendessen möglich.

Kuhmilch auch für allergiegefährdete Kinder **ohne** Allergiesymptome. Rücksprache mit Kinderarzt sinnvoll.

Spezialnahrungen bei Ernährungsproblemen

Verschiedene Produkte für Kinder mit Spuckneigung oder bauchwehgeplagte Kinder erhältlich. Werden als „diätetische Lebensmittel für besonderen Zwecke" bezeichnet. Nur nach Rücksprache mit Kinderarzt verwenden. Nicht jedes Spucken nach einer Mahlzeit erfordert ein Spezialprodukt, da häufig harmlos. In manchen Fällen aber Ausdruck von Erkrankungen, dann braucht es gezielte ärztliche Behandlung.

Bei Kuhmilchallergie: HA-Nahrung nicht ausreichend, therapeutische Milchnahrung verwenden (sogenannte extensive Hydrolysate). Verordnung durch Kinderarzt, nur in Apotheken erhältlich.

Spezielle Säuglingsnahrungen auf Sojaeiweißbasis

Enthalten Phytoöstrogene (hormonähnliche Substanzen). Wirkung auf den kindlichen Organismus noch nicht komplett geklärt. Nicht ohne Rücksprache mit Kinderarzt füttern. Nur bei bestimmten Stoffwechselerkrankungen verwenden. Nicht zur Allergieprävention geeignet.

Milch von Ziege, Schaf, Kamel & Co.

Ungeeignete Produkte für die Säuglingsernährung. Auch nicht zur Allergievorbeugung geeignet, da relativ ähnliche Eiweiße wie Kuhmilch.

Soja-, Mandel-, Hafer-, Nussdrinks & Co (pflanzliche „Milch")

Sind keine speziellen Säuglingsprodukte. Für Babys völlig ungeeignet. Keine bedarfsgerechte Nährstoffzusammensetzung. Schädlich für Wachstum und Entwicklung.

Selbst hergestellte Säuglingsnahrung

Keine bedarfsgerechte Nährstoffzusammensetzung, egal aus welchen Rohstoffen. Gefahr von ausgeprägtem Nährstoffmangel. Hohes hygienisches Risiko.

Spezielle Kindermilch

Ist für Kleinkinder ab dem 1. Lebensjahr erhältlich. Ersatzprodukt für Trinkmilch, auf Kuhmilchbasis. In der Zusammensetzung anders als diese. Einige Nährstoffe höher dosiert, andere niedriger, insbesondere Calcium. Weil Nährstoffe auf der Verpackung ausgelobt werden, erscheint sie gesünder. Ist sie aber nicht: ernährungsphysiologisch keine Vorteile für Kleinkinder nachgewiesen. Häufig süßer als Kuhmilch. Kinder können sich an diese Süße gewöhnen. Oft mit Aromen versetzt. Kleinkinder brauchen keine spezielle Milch, daher überflüssig. Und deutlich teurer als Trinkmilch.

Kurz und knapp zusammengefasst

- Muttermilch: hervorragend geeignet, nach Bedarf
- Oder: Pre- bzw. 1- Nahrung, im gesamten 1. Lebensjahr, nach Bedarf
- HA: zur Allergievorbeugung
- Kuhmilch: für den Abendbrei. Parallel stillen bzw. Pre oder 1er-Nahrung für die Flasche. Kuhmilch als Getränk ab Ende des 1. Lebensjahres.
- Folgemilch: nicht unbedingt erforderlich
- Spezialnahrungen: in Absprache mit Kinderarzt
- Andere Tiermilch: keine Vorteile. Pflanzendrinks: ungeeignet
- Häufige Wechsel der Milchnahrungen vermeiden, besser Rücksprache mit Arzt

N – ZUSÄTZLICHE NÄHRSTOFFE IM 1. LEBENSJAHR

Ein Baby soll alle wichtigen Vitamine, Mineralstoffe und Spurenelemente aus der Nahrung bekommen – das ist das Ziel. Zunächst kommen diese aus der Muttermilch und gegebenenfalls aus den in der Schwangerschaft angelegten Reserven, aus der Säuglingsmilchnahrung und später aus der Beikost und dem Familienessen.

Es gibt jedoch drei Nährstoffe, die Babys auf jeden Fall separat bekommen müssen, denn sie sind nicht in genügender Menge in der Nahrung enthalten. Das sind:

- Vitamin K: das wird bei der U1, U2 und U3 gegeben
- Vitamin D: bis zum zweiten Frühsommer
- Fluorid

N – NEUE LEBENSMITTEL AUSPROBIEREN

Zwischen dem 5. und dem 9. Lebensmonat sind Babys sehr neugierig, nehmen alles in den Mund und erforschen all dieses Neue. Ein perfekter Zeitpunkt, um mit der Beikost zu beginnen und das Baby an neue Lebensmittel heranzuführen! An einen neuen Geschmack, eine andere Konsistenz, einen anderen Geruch, an das Anders-Essen als bisher!

Auch wenn der Satz „Gegessen wird, was auf den Tisch kommt!" einen uns allen bekannten negativen Beigeschmack hat, so steckt darin auch ein Stück Wahrheit! Denn: wir lernen das Essen zu mögen, das uns immer wieder serviert wird. Weil wir sehen, dass andere das essen, z.B. unsere Eltern. Und weil es Teil der jeweiligen Landeskultur ist.

Wie anders wäre es sonst zu erklären, dass in türkischen Familien morgens Schafskäse, Oliven, Tomaten und Gurken auf den Teller kommen, bei uns in Deutschland Marmeladenbrote und Müsli, oder in Amerika das herzhafte Ei-Speck-Bratkartoffeln-Frühstück?

Es gibt Studien, die herausgefunden haben, dass ein Baby ein neues Lebensmittel etwa sieben bis zehnmalmal probieren muss, bis es sich an den Geschmack gewöhnt hat, bis es das Neue „lecker" findet. Es gibt auch Studien, die sagen, dass 85% der Eltern nach dem 2. Mal, wenn das Baby das neue Gemüse nicht gegessen hat, aufgeben.

Ob diese Zahlen so stimmen? Aber was man daraus ableiten kann, ist folgendes: es braucht Geduld, es braucht ein „immer wieder anbieten" und es braucht gelassene Eltern, die darauf vertrauen, dass der Geschmack mit der Zeit kommt.

O – OBST

Dass Obst viele gute Vitamine, Mineralstoffe, Spurenelemente, Ballaststoffe und auch Flüssigkeit mitbringt, ist altbekannt. Das erste Obst bekommt das Baby mit dem Abend-Brei, bzw. dem Obst-Getreide-Brei am Nachmittag. Gut geeignet sind Apfel, Birne, Aprikosen, Heidelbeeren oder Bananen.

Bananen sind perfekt aus der Hand zu essen. Leider sind sie sehr süß, gewöhnen Babys sehr schnell an diese Süße und manche lehnen dann weniger süße Obstsorten ab. Also lieber nicht so oft füttern. Außerdem kleben Bananen gerne an den kleinen Zähnchen, das mögen Zahnärzte nicht so gerne. Wenn das Baby älter ist, kannst du, statt zu pürieren, einfach Obst mit der Gabel zerdrücken. Das geht gut bei Erdbeeren oder reifen Birnen. Birnen und Heidelbeeren sind übrigens gut für bei Verdauungsproblemen. Sie helfen, den Stuhl zu regulieren. Bei Durchfall kann man älteren Säuglingen auch feingeriebene Äpfel geben.

ÖL – VIEL ENERGIE UND GUTE FETTSÄUREN!

Für das rasante Wachstum im ersten Lebensjahr brauchen Babys sehr viel Energie. Ein Teil dieser Energie stammt aus dem Öl der Beikost. Es erhöht den Kaloriengehalt der Nahrung und hilft, dass das Baby satt wird. Aber Öl ist nicht nur dafür wichtig, sondern auch für die Bildung von Nervenzellen, für die Sehkraft und vor allem für die Entwicklung des Gehirns.

Ein gutes, sehr empfehlenswertes Öl ist Rapsöl. Es kann kaltgepresst oder raffiniert sein. Rapsöl enthält die besonders wichtigen Omega-3-Fettsäuren in der richtigen Menge. Man kann aber auch andere Öle nehmen, z.B. Sonnenblumenöl oder Olivenöl. Sogenanntes Beikostöl hat keine besonderen Vorteile. Es sind meist Mischungen verschiedener Öle und oft auch deutlich teurer.

Wer den Mittagsbrei selbst kocht, gibt nach dem Kochen 1 Esslöffel Rapsöl zum Brei (entspricht ca. 10g). In Gläschen ist schon Öl enthalten, manchmal jedoch zu wenig. Hier hilft ein Blick aufs Etikett. Sind weniger als 10g enthalten, dann sollte die fehlende Menge einfach ergänzt werden. Ein Teelöffel Öl entspricht ca. 4g! In den Nachmittagsbrei kommt ein Teelöffel Öl, alternativ kann man auch Butter nehmen.

P – PROBLEME BEIM FÜTTERN ODER STILLEN

Wenn es mit dem Stillen nicht richtig klappt oder zwischendurch Probleme gibt: hab Geduld, gib dir Zeit und Ruhe und such dir vor allem Unterstützung und guten fachlichen Rat bei deiner Hebamme, Stillberaterinnen oder Kinderärzten. Adressen findest du auf **elternleben.de**

Probleme beim Füttern – was kann es sein und was tun?

- Problem: Dein Baby will keinen Brei

Mögliche Ursachen und Lösungsvorschläge: Das Baby hat keinen Hunger oder bekommt noch zu viele Stillmahlzeiten. Dann das Stillen langsam reduzieren, eine Breipause machen, nach einigen Tagen einen neuen Versuch starten. Und auf genügend lange Abstände zwischen den Mahlzeiten achten.

- Problem: Dein Baby weint beim Füttern mit dem Löffel

Mögliche Ursachen und Lösungsvorschläge: Vielleicht ist es noch zu früh für Beikost und das Schlucken klappt noch nicht so gut. Dann noch abwarten und nach einiger Zeit nochmal probieren. Oder das Kind ist schon zu hungrig und das Löffeln geht nicht schnell genug? Dann zunächst den ersten Hunger mit Muttermilch oder mit der Flasche stillen und danach erst mit dem Löffeln beginnen. Oder bei den ersten Anzeichen von Hunger sofort füttern.

- Problem: Dein Baby will keinen Abendbrei?

Mögliche Ursachen und Lösungsvorschläge: Vielleicht ist es schon zu müde. Dann die Abendmahlzeit früher anbieten und zu einem späteren Zeitpunkt vielleicht noch ein bisschen Flaschennahrung.

- Problem: Dein Baby isst beim Mittagsbrei sehr wenig?

Mögliche Ursachen und Lösungsvorschläge: Auch hier ist es vielleicht schon sehr müde. Dann lieber Mittagsschlaf machen lassen und den Mittagsbrei füttern, wenn das Baby gut ausgeschlafen hat.

- Problem: Dein Baby wird nach der Morgenmilch schnell wieder hungrig?

Mögliche Ursachen und Lösungsvorschläge: Die Mittagsmahlzeit nach vorne verlegen, oder eine zweite kleine Flasche Morgenmilch füttern.

Wenn sich die Probleme nicht innerhalb einer angemessenen Zeit legen, bitte mit dem Kinderarzt sprechen.

Q – QUALITÄT VON BABYNAHRUNG

Fertig gekaufte Babynahrung, egal ob Flaschennahrung, Gläschen oder Brei aus der Packung, hat in Deutschland eine hohe, sehr gut kontrollierte Qualität.

Nur selten gibt es Qualitätsschwierigkeiten oder auch Skandale, weil Schadstoffe oder andere unzulässige Inhaltsstoffe gefunden werden. Zum Glück, denn davor sollten Babys auf jeden Fall geschützt werden.

R – REZEPTE FÜR BABYBREI

Es ist nicht schwer, Babybreie selber zu machen. Auch wenn du vielleicht nicht besonders kochgeübt bist, ist es einen Versuch wert. Denn wer selber kocht, entscheidet selbst über die Zutaten!

Wichtig ist, beim Einkaufen auf eine gute Qualität von Obst und Gemüse zu achten. Es sollte so frisch wie möglich sein. Am besten nimmst du Produkte der Saison und aus der Region. Alternativ kannst du auch Tiefkühlgemüse ohne weitere Zusätze nehmen. Wenn es deine Finanzen erlauben, verwende gerne Bioprodukte.

HIER DIE GRUNDREZEPTE, DIE ZUBEREITUNG UND GUTE TIPPS. ALLE REZEPTE SIND FÜR EINE PORTION.

Der erste Brei: Gemüse-Kartoffel-Fleisch- (oder Fisch)

- 100g Gemüse
- 50g Kartoffeln
- 30g mageres Fleisch oder grätenfreier Fisch
- 1,5 Esslöffel Obstsaft oder Obstmus
- 1 Esslöffel Rapsöl

Zubereitung:

1. Gemüse putzen, in grobe Stücke schneiden. Kartoffel schälen, in feine Scheiben schneiden.
2. Mit klein geschnittenem Fleisch oder Fisch in wenig Wasser ca. 10 Minuten garen
3. Mit dem Saft oder Obstmus zusammen pürieren.

4. Rapsöl unterrühren. Ist der Brei zu fest, Saft oder Wasser dazugeben.

Die vegetarische Variante: Gemüse-Kartoffel-Getreide

- 100g Gemüse
- 50g Kartoffeln (oder Nudeln, Reis, Getreide)
- 2–3 Esslöffel Wasser
- 10g Haferflocken (oder andere eisenreiche Vollkornflocken, wie z.B. Hirse)
- 3,5 Esslöffel Vitamin-C-reicher Saft (Achtung: größere Menge als im Fleisch-Brei!)
- 1 Esslöffel Rapsöl

Zubereitung:

1. Gemüse putzen, in grobe Stücke schneiden. Kartoffeln schälen, in feine Scheiben schneiden.
2. In wenig Wasser ca. 10 Minuten garen.
3. Vollkornflocken unterrühren, Saft zugeben, alles zusammen pürieren.
4. Rapsöl unterrühren.

Tipps:

- Gut geeignet sind milde, nährstoffreiche Gemüsesorten, wie z.B. Karotten, Pastinaken, Kürbis, Blumenkohl, Brokkoli, Kohlrabi und Zucchini. Am Anfang nimmt man nur eine Sorte Gemüse, später kann man auch mischen. Nutze die Vielfalt der Gemüsesorten, damit das Baby den unterschiedlichen Geschmack kennenlernt.

- Kartoffeln haben einen höheren Nährwert als Nudeln oder Reis. Aber natürlich kann man auch ab und zu Pasta-, Reis- oder Gemüse-Getreide-Brei füttern.
- Als Fleisch eignet sich Tatar, mageres Rindfleisch, Puten- oder Hähnchenbrustfilet.
- Bitte das Gemüse schonend garen, also nicht „sprudelnd" kochen und nicht zu lange, sondern eher „knapp", damit die Nährstoffe erhalten bleiben. Je kürzer die Garzeit, desto mehr Nährstoffe!
- Sehr gut geeignet ist das auch das Garen in einem Dampfgarer.
- Frisch gekochten Brei entweder sofort füttern oder schnell abgekühlt bis zum nächsten Tag im Kühlschrank aufbewahren.
- Man kann gut größere Mengen kochen und komplette Mahlzeiten auf Vorrat einfrieren.
- Alternativ kannst du auch einzelne Komponenten kochen und einfrieren. So hast du eine Art „Baukasten" und kannst die Mahlzeiten unterschiedlich zusammenstellen.
- Einfrieren geht gut in Eiswürfelbehältern, in kleinen Tupperdosen.

Der zweite Brei: Vollmilch-Getreide

- 200ml Vollmilch (3,5% Fett)
- 20g Vollkorn-Getreideflocken (z.B. Hafer, Weizen, Dinkel oder andere Vollkornflocken)
- 2 Esslöffel Fruchtsaft oder zerdrücktes Obst

Zubereitung:

1. Die Milch in einem Topf aufkochen.
2. Getreideflocken einrühren.
3. Quellen lassen – je nach Packungsanleitung.
4. Fruchtsaft oder zerdrücktes Obst einrühren.

Der Milch-Getreide-Brei ist ein sehr einfacher und sehr schnell zubereiteter Brei. Im Gegensatz zu vielen käuflichen Produkten enthält er nur natürlichen Fruchtzucker und keine weiteren Zusätze von Zucker oder Aromastoffen!

Der dritte Brei: Getreide-Obst

- 90ml Wasser
- 20g Vollkorn-Getreideflocken (z.B. Hafer, Hirse, Dinkel oder Vielkornflocken)
- 100g zerdrücktes, fein geriebenes oder püriertes Obst oder Obstmus
- 1 TL Rapsöl

Zubereitung:

1. Getreideflocken in kaltes Wasser, Grieß in kochendes Wasser einrühren. Aufkochen und ca. 3 Minuten weiterkochen lassen.
2. Frisches, püriertes Obst zugeben.
3. Zum Schluss Rapsöl zugeben.

Tipps:

- Apfel, Birne, Banane, Pfirsiche, Aprikosen, Nektarinen, auch Mango, Heidelbeeren und andere Beeren sind gut geeignet für diesen Brei. Außerhalb der Saison, z.B. im Winter, kann man gut auf Obst aus dem Gläschen zurückgreifen.
- Birne und Heidelbeeren regulieren den Stuhlgang bei empfindlichen Babys.
- Bananen enthalten wenig Vitamin C, sind sehr süß und Babys gewöhnen sich schnell an den süßen Geschmack, deshalb eher seltener einsetzen.
- Wer möchte, kann ab und zu auch Butter statt Rapsöl verwenden.

S – ZWÖLF GUTE GRÜNDE FÜR DAS STILLEN

Während der Schwangerschaft bekommt ein Baby automatisch und dauernd Nahrung. Wenn es auf der Welt ist, müssen sich Mutter und Baby umstellen. Dann gibt es Nahrung von „außen" und nicht mehr dauerhaft. Aus der Brust der Mama oder aus der Flasche, von Mama oder Papa gefüttert. Viele Gründe sprechen für das Stillen – darum geht es in diesem Artikel.

Aber nicht alle Mütter können oder wollen stillen. Jede von ihnen hat dafür gute Gründe, die es zu respektieren gilt. Stillen oder Nicht-Stillen, darüber kann es heftige Diskussionen, ideologisch geprägte Ansichten oder sogar Streit geben. Fakt ist: eine Mutter, die stillt, ist nicht automatisch eine bessere Mutter als eine andere, die nicht stillt. Und umgekehrt. Wir sind der Meinung, dass jede Mutter auf ihre Art und Weise darum bemüht ist, ihr Baby so gut wie irgend möglich zu ernähren.

Wenn du dein Baby nicht stillst, findest du hier Informationen über geeignete Milchnahrungen in diesem Artikel bei ElternLeben.de **Welche Nahrung für mein Baby, wenn ich nicht stillen kann oder möchte?"**

„BREAST IS BEST"

Die beste Form der Ernährung für ein Baby in den ersten Lebensmonaten ist das ausschließliche Stillen. Der Satz „Breast is best" veranschaulicht das bestens. Stillen ist die natürlichste Art und Weise der Ernährung - schon seit Jahrhunderten.

Die Ernährung eines Kindes mit Muttermilch hat außerdem viele kurz- und langfristige Vorteile für das Kind. Nicht nur für das rasante Wachstum und die Entwicklung in den ersten Lebenswochen, sondern für das ganze Leben. Darüber hinaus hat Stillen auch Vorteile für die Mutter und die Mutter-Kind-Beziehung.

TEILSTILLEN ODER ABPUMPEN: AUCH DAS IST PRIMA!

Manchmal kommt es vor, dass die Muttermilch nicht ausreicht, trotz aller Bemühungen und Hilfen. Dann braucht das Baby zusätzliche Nahrung aus der Flasche. Wenn du es schaffst, trotzdem weiter zu stillen, dann ist das prima. Auch kleinere Mengen bringen Schutz und Vorteile für das Baby und Nähe für Mutter und Kind.

Muttermilch kann natürlich auch abgepumpt und mit der Flasche gefüttert werden. Wenn es zum Beispiel für das Baby zu schwierig oder zu anstrengend ist, an der Brust zu saugen, wird das gerne empfohlen. Oder damit die Mutter entlastet ist, weil die Flasche natürlich auch vom Papa gefüttert werden kann. Übrigens: abgepumpte Muttermilch kann auch eingefroren und zu einem späteren Zeitpunkt gefüttert werden!

VORTEILE FÜR DAS BABY

1. Muttermilch ist DIE ideale Nahrung für Säuglinge und zudem leicht verdaulich. Kein anderes Lebensmittel ist so optimal an die individuellen Bedürfnisse des Babys angepasst. Im ersten Lebenshalbjahr deckt sie den Bedarf an Flüssigkeit und allen wichtigen Nährstoffen. Neben diesen Nährstoffen wie Eiweiß, Fett oder Vitaminen enthält sie zahlrei-

che andere Substanzen, z.B. Immunglobuline, Wachstumsfaktoren, Hormone, Enzyme, Prä- und Probiotika. Muttermilch ist eine Art „all-inklusive-Paket" mit allem, was das Baby für ein gesundes Heranwachsen braucht (mit Ausnahme von Vitamin D und K). Keine andere Säuglingsmilchnahrung ist so perfekt.

2. Die Zusammensetzung der Muttermilch ändert sich, je nachdem, was gebraucht wird. Auch das kann keine Flaschennahrung. Während einer Stillmahlzeit ist die Milch zunächst dünner, damit der Durst des Babys gelöscht wird. Später ändert sich die Zusammensetzung und sie wird nahrhafter, damit das Baby satt wird. Die Zusammensetzung der Muttermilch passt sich auch den verschiedenen Entwicklungsphasen des Babys an. Ganz am Anfang enthält sie sehr viele Schutzfaktoren für das Immunsystem. Aber mit zunehmender Stillzeit treten andere Aspekte in den Vordergrund, z.B. mehr Nährstoffe fürs Wachstum.

3. Das Immunsystem und damit die Möglichkeit Infekte selber abzuwehren, entwickelt sich in den ersten Lebensmonaten eines Kindes. Deshalb enthält Muttermilch für diese Übergangszeit zahlreiche Schutzfaktoren gegen Bakterien, Entzündungen oder zur Immunmodulation. Das wird auch als „Nestschutz" bezeichnet.

4. Stillkinder haben eine ganze Reihe gesundheitlicher Vorteile: ein geringeres Risiko für plötzlichen Kindstod, für Mittelohrentzündungen, Magen-Darm- und Atemwegsinfekte (z.B. Asthma) und für späteres Übergewicht bzw. Adipositas. Das haben viele Studien nachgewiesen. Stillen kann auch helfen, Allergien vorzubeugen, aber dazu gibt es keine eindeutigen Beweise.

5. Muttermilch ist immer fertig, denn Stillen braucht keine Vorbereitungen, Geräte oder Zubehör. Außerdem ist Muttermilch immer hygienisch einwandfrei und richtig temperiert.
6. Muttermilch schmeckt unterschiedlich, je nachdem, was die Mutter gegessen hat. Damit lernt das Baby schon unterschiedliche Aromen kennen und bekommt so einen kleinen „Vorgeschmack" auf Beikost und Familienessen. Es gibt Hinweise darauf, dass gestillte Kinder später mehr unterschiedliche Lebensmittel essen.
7. Trinken an der Brust trainiert die Mundmuskulatur. Das hat einen positiven Einfluss auf die Kieferstellung, eine der Grundvoraussetzungen für die Sprachentwicklung.
8. Es wird vermutet, dass Stillen einen Einfluss auf die kognitive Entwicklung bzw. Intelligenz des Kindes hat. Wissenschaftlich bewiesen ist das jedoch nicht.

VORTEILE FÜR DIE MUTTER

Natürlich hat das Stillen auch Vorteile für die Mutter. Einige sind schon genannt worden: z.B. Ist Muttermilch immer fertig und braucht keine Utensilien. Daneben gibt es noch weitere, vor allem gesundheitliche Vorteile für die Mutter, mit denen wir unsere Liste fortsetzen.

9. Die Rückbildung der Gebärmutter verläuft bei stillenden Müttern schneller und besser. Außerdem haben sie im Verlaufe ihres Lebens ein geringeres Risiko für Diabetes Typ 2 sowie für Brust- und Eierstockkrebs.

VORTEILE FÜR DIE MUTTER-KIND-BEZIEHUNG

10. Beim Stillen wird durch das Saugen des Babys das Bindungshormon Oxytocin ausgeschüttet, das die emotionale Bindung zwischen Mutter und Kind fördern kann. Es gibt auch Berichte darüber, dass stillende Mütter durch den Hautkontakt beim Stillen eine höhere Feinfühligkeit und Sensibilität entwickeln.

11. Stillen ist ein „intensiver nonverbaler Kommunikationsprozess", eine Verständigung ohne Worte. Mutter und Kind lernen, sich durch Haut- und Augenkontakt aufeinander abzustimmen (Edith Gätjen: Lotta lernt essen. Trias Verlag).

Weitere Vorteile

12. Muttermilch ist auch aus ökologischen Gründen prima: es ist ein „unverpacktes" Lebensmittel, dessen „Herstellung" umweltschonend, saisonal und regional ist. Und: Muttermilch ist kostenlos. Die Schadstoffbelastung in der Muttermilch ist in den letzten 25 Jahren sehr stark zurückgegangen, das ist also kein Problem mehr.

NACHTEILE DES STILLENS?

Bis hierher wurden wirklich viele Vorteile der Muttermilchernährung aufgezählt. Aber nicht verschwiegen werden soll, dass Stillen auch mit Nachteilen verbunden sein kann. Zum Beispiel sind Mütter durch das Stillen stärker angebunden und können nicht für längere Zeit abends weggehen oder übers Wochenende verreisen. Oder sie müssen bei ihrer eigenen Ernährung und mit Alkohol aufpassen. Oder die Ernährung des Babys kann dann nicht vom Vater übernommen werden kann. Außer – und das gilt für beide Themen – es kann Muttermilch abgepumpt und mit der Flasche gefüttert werden. Vielleicht ist es dann ein kleiner Trost für dich bzw. euch, dass die Stillzeit auf einige wenige Monate begrenzt ist – und dass ihr eurem Baby in dieser Zeit viel Positives geben könnt.

WEITERE INFORMATIONEN

Obwohl Stillen etwas ganz Natürliches ist und man denken könnte, dass jede Mama intuitiv stillen kann, empfehlen wir dir, dich zu diesem Thema richtig gut zu informieren.

S – SALZ

Für das erste Lebensjahr wird empfohlen, Baby-Nahrung nicht zu salzen, denn das belastet den kindlichen Organismus zu sehr. Außerdem gewöhnen sich Kinder – wie bei süßen Lebensmitteln und Mahlzeiten auch – schnell an den salzigen Geschmack und lehnen später alles ab, was nicht im gewohnten Maße salzig ist.

Wenn du den Eindruck hast, dass dein Baby gerne herzhaftes Essen mag, kannst du den Mittagsbrei auch mit milden Kräutern wie Petersilie oder Dill abschmecken. Das Salz in Brot oder Reiswaffeln schadet nicht. Und von Brezeln kannst du es abkratzen oder welche ohne Salz kaufen.

T – TIPPS UND TRICKS FÜRS ESSENLERNEN

Hier findest du bewährte Tipps und Tricks fürs Essenlernen. Da wir wissen, dass Eltern von Babys wenig Zeit haben, kannst du hier Vieles, was an anderer Stelle ausführlicher beschrieben worden ist, auf die Schnelle lesen. Wenn du mehr wissen möchtest, suche das passende Stichwort in unserem ABC zum Nachlesen.

- Keine oder wenige Backenzähne? Kein Problem, denn alles, was weich ist oder bröselt, kann am Gaumen und mit den Kauleisten zerdrückt werden! Reife Birnen, Himbeeren, Bananen, Melone, Avocado, gekochtes Ei, gegarte Kartoffel- oder Kürbisstücke, Hackbällchen, Polenta. Gemüse nicht weichkochen, sondern lieber fein raspeln oder bissfest garen und dann grob pürieren.

- Das Kind will selbständig essen? Alles, was sich gut in die Hand nehmen, aufpieksen oder löffeln lässt, ist geeignet: Hackbällchen, Bratlinge, Kartoffelstücke, kurze Nudeln, Brotstücke, Dinkelstangen, pikante oder süße Waffeln/Muffins/Hefeteilchen, weiches Obst (Bananen, reife Birnen, Erdbeeren oder Himbeeren, Melone). Lese auch nach bei Baby-led weaning.
- Verschluckgefahr bei Apfelstücken? Kurz in die Mikrowelle stecken, das macht sie weicher.
- Schwierigkeiten mit rohen Karotten? Leicht andünsten, dann geht's sogar aus der Hand.
- Tomaten- oder Gemüsesauce zu glitschig? Spirelli-Nudeln nehmen Sauce prima auf.
- Schale vom Apfel entfernen oder dran lassen? Kommt darauf an! Wenn das Kind es schafft, die Schale zu essen, dranlassen. Sonst schälen, aber später wieder mit Schale probieren.
- Quetschies statt frisches Obst? Lieber nicht. Frisches Obst trainiert das Kauen und die die Muskulatur im Kieferbereich. Das ist wichtig für das Sprechen lernen!
- Kindermilch statt Vollmilch? Nein, denn Vollmilch ist ein wertvolles Lebensmittel und enthält alle Nährstoffe, die das Kind braucht.
- Haferdrink, Mandeldrink, Sojadrink statt Kuhmilch? Nicht empfehlenswert, da nicht alle wichtigen Nährstoffe für das Kind oder zu geringe Mengen enthalten sind.
- Warmes Essen mittags oder abends? Das ist egal. Je nachdem, wie die Gewohnheiten in der Familie sind. Wenn das Kind abends zu müde ist, dann lieber mittags warmes Essen.

- Salz und Gewürze? Eher mild abschmecken. Erst die Babyportion abnehmen, danach das Essen für die anderen Familienmitglieder würzen.
- Alternativen zu Nudeln, Kartoffeln oder Reis gewünscht? Couscous, Bulgur oder Polenta schmecken auch kleinen Kindern gut.
- Weißbrot oder Vollkornbrot? Fein gemahlenes Vollkornbrot ohne Körner (Bioladen) hat mehr Nährstoffe als Weißbrot. Am Anfang Rinde wegschneiden. Weißbrot „klumpt" im Mund.
- Trinken aus dem Becher klappt noch nicht so gut? Becher lieber voll machen, denn das Getränk lässt sich dann besser „abkippen". Spezielle Trinkbecher verwenden. Oder den kleinen Aufsatz von der Babytrinkflasche nehmen.
- Kindermenüs ab 12. Monat? Selber kochen ist die erste Wahl, denn so lernen Babys das Familienessen kennen und mögen. Ab und zu sind Kindermenüs okay z.B., wenn Eltern etwas essen wollen, was für das Baby ungeeignet ist (Sushi, Scharfes) oder für unterwegs.

T – TRINKEN LERNEN UND DURST LÖSCHEN

In den ersten Lebensmonaten sind Muttermilch oder Säuglingsnahrung all-in-one-Produkte, nämlich Essen und Trinken zugleich. Nur an heißen Tagen, wenn es krank ist oder sehr harten Stuhlgang hat, braucht ein Baby zusätzliche Flüssigkeit.

Erst wenn der 3. Brei eingeführt ist, braucht das Baby eine Extraportion Wasser. Ein großes Glas, ca. 200ml, über den Tag verteilt, reicht aus. Es ist sinnvoll, mit dem Trinkenlernen schon früher anzufangen, und zwar bereits mit dem ersten Brei. Auch wenn das Baby zu dem Zeitpunkt noch nicht so viel trinkt, so lernt es ab jetzt, dass Essen und Trinken verschiedene Dinge sind! Denn Essen gibt es dann vom Löffel und Trinken aus der Flasche (oder dem Becher).

Am besten gewöhnt man das Kind gleich an reines Wasser als Durstlöscher. Auch wenn es danach aussehen sollte, dass es den Geschmack nicht mag, bleib dabei und wechsle nicht auf gesüßte Getränke oder Säfte.

Auch ungesüßten Tee kann man anbieten. Zucker, aber auch Honig oder Ahornsirup, schaden den Babyzähnen. Kaufe Teebeutel, Teemischungen oder Instanttees immer ohne Zucker und ohne Stevia. Gut geeignet sind Anis, Kümmel, Rotbusch und im zweiten Lebenshalbjahr auch Früchtetees. Babys mögen milden Tee, deshalb den Tee nicht zu lange ziehen lassen.

Wer die Flasche vermeiden möchte – und das ist eine gute Idee – kann gleich das Trinken aus einem Becher trainieren. Fülle ein kleines, schmales Glas, eine Espressotasse oder den Deckel einer Babyflasche ruhig voll mit Wasser und setze das Behältnis unterhalb der Unterlippe an den Mund des Kindes. Es muss so voll sein, damit das Wasser gleich die Oberlippe des Kindes benetzen kann, es den Kopf nicht so weit nach hinten legen muss und viel einfacher „schlabbern" kann. Am Anfang wird das sicher einige Male schiefgehen, deshalb noch ein Tipp: in der Badewanne beginnen!

U – ÜBUNG MACHT DEN MEISTER

Jedes Baby kann essen, denn Essen ist ja etwas Normales. Das ist richtig – unter der Voraussetzung, dass es ein gesundes Baby ist.

Trotzdem ist auch das Essen etwas, was ein Baby lernen muss. Im Mutterleib gab es ja „Dauerernährung" und nichts musste dafür getan werden. Wenn das Baby auf der Welt ist, muss es selbst dafür sorgen, Essen zu bekommen. Entsprechend macht es sich bemerkbar mit Quengeln, Weinen oder Schreien. Mama und Papa müssen lernen, dass eine bestimmte Form von Weinen oder Schreien das Signal für Hunger ist. Das Baby wiederum lernt: „Wenn ich quengle oder weine, dann kommt Mama mit der Brust oder Papa mit der Flasche."

Später will das Essen vom Löffel und das Trinken aus einem Becher oder Glas gelernt sein, und auch der Geschmack von Gemüse, Obst, Fleisch, Kartoffeln und vielem mehr. Und dann sind da natürlich noch all die Dinge, die die Großen auf dem Teller haben, die entdeckt werden wollen.

Übung macht den Meister – auch beim Essen. Es braucht Zeit, sich an all diese Dinge zu gewöhnen. Manche Kinder sind damit schneller, manche brauchen länger. Deshalb: gib deinem Baby Zeit, hab Geduld. Wenn das Essen mit dem Löffel nicht gleich klappt, ist dein Baby vielleicht noch nicht reif für Beikost? Dann warte noch ein- bis zwei Wochen und probiere es wieder. Dein Baby schiebt das Karottengemüse mit der Zunge raus, und es scheint ihm nicht zu schmecken? Das kann sein. Aber die Abwehr kann auch andere Gründe haben. Vielleicht ist es gerade zu müde um etwas Neues zu probieren. Gib nicht auf, sondern versuche es zu einem späteren Zeitpunkt nochmal.

85% aller Eltern geben nach dem ersten Mal schon auf, wenn sie den Eindruck haben, das Baby mag das neue Lebensmittel nicht. Das ist viel zu schnell! Denn, wie schon beschrieben, kann es viele Gründe dafür geben. Man weiß aus Studien, dass es etwa 7 bis 10 Wiederholungen braucht, bis ein Kind gelernt hat, ein Lebensmittel zu mögen. Egal, wie viele Wiederholungen es bei deinem Kind braucht, eines steht fest: hab Geduld und probiere es einfach immer wieder – zu einem anderen Zeitpunkt, mit einer anderen Variante, in einer anderen Kombination.

V – VEGETARISCHE UND VEGANE ERNÄHRUNG FÜR BABYS

Vegetarische Ernährung für Säuglinge ist machbar. Vor allem dann, wenn sich Eltern gut auskennen und Lebensmittel geschickt kombinieren. Zum Beispiel, wenn man eisenhaltige Getreide füttert (Hirse, Hafer) und Vitamin-C-reichen Saft als Abschluss der Mahlzeit gibt, dann wird das Eisen gut vom Körper aufgenommen. Wichtig ist auch, dass das Kind ausreichend biologisch hochwertiges Eiweiß bekommt. Denn in der extremen Wachstumsphase im ersten Lebensjahr und auch danach ist das sehr wichtig.

In der Beikost gibt es natürlich keinen Gemüse-Kartoffel-Fleisch-Brei. Statt Fleisch kommen in diesen Brei 10g feine Hafer- oder Hirseflocken. Diese enthalten wichtiges pflanzliches Eisen. Leider wird aber pflanzliches Eisen vom Körper schlechter aufgenommen. Mit einem kleinen Trick kann die Aufnahme aber verbessert werden: mit Vitamin C! Dieses Vitamin ist in Obstpüree und in Obstsaft enthalten. Man gibt davon 1,5 Esslöffel nach dem Brei als Dessert. Oder man rührt das Obstmus bei Babys, die nicht die komplette Mahlzeit schaffen, direkt in den Brei. Das Rezept für einen vegetarischen Gemüse-Kartoffel-Getreide-Brei findest du bei den Rezepten.

Wichtig: Die Empfehlung für Hafer-oder Hirseflocken im vegetarischen Brei ist recht neu, deshalb enthalten ältere Rezepte nur Gemüse und Kartoffeln. Dann sollte man einfach noch 10g Flocken ergänzen.

Hinweis: Die vegetarische Ernährung von Kindern, die am Familientisch mitessen, wird in diesem Handbuch nicht erläutert, da es sich um ein Handbuch für das erste Lebensjahr handelt.

Auch wenn vegane Ernährung momentan voll im Trend ist, wird von allen Fachgesellschaften aktuell davon abgeraten. Denn bisher liegen keine Studien vor, wie sich vegan ernährte Kinder langfristig entwickeln, körperlich und geistig. Denn bei veganer Ernährung gibt es ein recht hohes Risiko für Nährstoffmängel, z.B. bei Eiweiß, dem Baustoff für alle Zellen, den langkettigen Omega-3-Fettsäuren, die für die Gehirnentwicklung wichtig sind, sowie bei Kalzium, Eisen, Jod, Zink, Selen und den Vitaminen D, B2 und vor allem B12. Und leider bringt dieses Risiko negative Konsequenzen mit, die sich möglicherweise nicht mehr beheben lassen.

Wenn du dich dennoch für vegane Ernährung deines Babys entscheidest, informiere auf jeden Fall den Kinderarzt darüber und lass von Zeit zu Zeit das Blutbild kontrollieren. Außerdem solltest du eine Ernährungsberatung machen. Adressen dazu gibt es unter **www.vdoe.de/Expertenpool** oder bei deiner Krankenkasse.

W – WELCHES WASSER EIGNET SICH FÜR BABYNAHRUNG

In den meisten Fällen kannst du normales Leitungswasser nehmen. Das Wasser in Deutschland ist sehr gut kontrolliert und hat eine hohe Qualität. Bevor man das Wasser für die Zubereitung von Babynahrung entnimmt, ist es gut, es solange ablaufen zu lassen, bis es kalt aus der Leitung kommt. Damit ist gesichert, dass Keime, die sich während der Stehzeit des Wassers in den Leitungen angesammelt haben, entfernt werden.

Wenn die Wasserqualität bei euch nicht so gut ist, dann ist Mineralwasser die bessere Wahl. Achte auf den Zusatz „für die Zubereitung von Säuglingsnahrung geeignet". Spezielles Babywasser ist überflüssig.

Auskunft über die Wasserqualität am Wohnort bekommt man beim Wasseramt der Gemeinde oder im Internet.

W – BABY-LED WEANING

Baby-led weaning ist eine andere Methode, um ein Baby an feste Nahrung zu gewöhnen, als mit den klassischen Breien. Übersetzt bedeutet der Begriff etwa „vom Baby geführtes Abstillen". Das Baby hat es bei dieser Methode in der Hand, was und wie viel es isst. „In der Hand" ist dabei wörtlich gemeint.

Denn im Gegensatz zur üblichen Beikostfütterung mit dem Löffel, den Mama oder Papa führen, füttert sich das Baby selber. Löffel oder Gabel werden in dieser Methode zunächst nicht benutzt. Voraussetzung dafür ist, dass das Baby Dinge in der Hand halten und an den Mund führen kann. Üblicherweise können das Babys im Alter von ca. 6 Monaten.

Genauso wie sie eine Rassel mit der Hand greifen und zum Mund führen können, können sie das dann mit einem Stück Brot oder einem Gemüsestick machen. Wenn mit ca. 8 Monaten noch der „Pinzettengriff" dazu kommt (also ein Greifen mit Daumen und Zeigerfinger), dann können auch kleinere Stücke aufgenommen werden. Parallel dazu wird das Baby weiter gestillt oder erhält Flaschennahrung.

Die Vorteile dieser Methode sind, dass das Baby von Anfang an auch die Lebensmittel bekommen kann, die bei euch auf den Tisch kommen. Man muss nicht extra kochen, nur etwas weicher muss es sein. Ein weiterer Vorteil ist auch, dass die Selbständigkeit des Kindes gefördert wird, sowie die Mund- und Handmotorik. Gut geeignet sind weiche, aber nicht zu weich gekochte Gemüsestücke (Kartoffeln, Möhren, Pastinaken, Kohlrabi) oder Brokkoli- und Blumenkohlröschen. Außerdem reife Birnen oder leicht gedünstete Äpfel, reife Bananen oder weich gekochte Nudeln.

Die Stücke dürfen nicht zu kurz sein, damit sie aus dem Fäustchen heraus ragen. Empfehlenswert ist auch, den Tisch gut mit einer Plastiktischdecke abzudecken, ggfs. auch den Fußboden. Denn das Baby wird vieles zunächst mit den Händen und dem Mund „explorieren", also erkunden, aber nicht sofort in den Mund stecken und essen. Das Kleckern gehört zum Lernprozess und sollte nicht verboten werden, da dies das Baby dies noch nicht vermeiden kann.

Die Mengen, die ein Baby auf diese Art essen kann, können sehr unterschiedlich ausfallen. Je motorisch geschickter ein Baby ist, desto besser wird es damit klarkommen. Jedoch hat man als Eltern weniger Kontrolle über die Essensmengen. Denn wieviel von einer Brezel tatsächlich gegessen und wie viel nur gelutscht oder wieder ausgespuckt wird, weiß man nicht. Das ist solange kein Problem, wie das Kind mit der zusätzlichen Flaschen- oder Stillnahrung satt wird und wächst und gedeiht.

In Deutschland hat sich diese neue Methode bisher nicht durchgesetzt. Fachverbände und Kinderärzte sehen sie durchaus kritisch. Denn da das Baby nicht alle Lebensmittel aus der Hand essen kann, z.B. Fleisch oder Fisch, können einzelne Lebensmittel und deren Inhaltsstoffe zu kurz kommen. Dies betrifft vor allem Eisen aus Fleisch. Und manche Kinder sind schlicht überfordert und nehmen deshalb zu wenig Essen zu sich.

Eine gute Idee ist es, die Vorteile von klassischer Beikost mit den Vorteilen des Bay-lead weaning zu kombinieren. Also Breie vom Löffel und parallel Finger-Food zum Selberessen.

Z – ZUTATENLISTEN – WAS STECKT DRIN IN DIESEM PRODUKT?

Jedes Produkt aus dem Lebensmittelregal braucht eine Zutatenliste. Das ist in Deutschland gesetzlich vorgeschrieben. Du findest sie auf der Verpackung. Eine Zutatenliste ähnelt einem Rezept, enthält aber keine Mengenangaben. Trotzdem kann man an der Zutatenliste eine Antwort auf Mengen bekommen, und zwar durch die Reihenfolge auf dem Etikett: erst kommt die Hauptzutat, dann die Zutat mit der nächstkleineren Menge usw. Ganz am Schluss sind also die Zutaten, von denen nur noch sehr kleine Mengen enthalten sind.

Je länger eine Zutatenliste ist, desto mehr Zutaten sind also drin.

Als Faustregel empfehlen wir bei Breien und Gläschen: auf eine möglichst kurze Zutatenliste achten! Denn das bedeutet weniger überflüssige Zutaten. Und außerdem ähneln Produkte mit kurzen Listen mehr den selbstgemachten Mahlzeiten.

Nicht zu verwechseln mit der Zutatenliste sind die Nährwerttabellen, die ebenfalls auf Verpackungen stehen. Sie geben Auskunft über die Nährstoffe des Produktes, also über Kaloriengehalt, Menge an Eiweiß, Kohlenhydrate, Fette, Vitamine oder Mineralstoffe.

Z – ZUCKER IN BABYNAHRUNG! WIE KANN ICH DAS ERKENNEN?

Leider enthalten einige Babyprodukte trotz der wissenschaftlichen Empfehlungen Zuckerzusätze oder andere Süßungsmittel. Und das, obwohl Zucker und zuckerhaltige Lebensmittel keinen Nutzen für das Baby haben. Stattdessen gewöhnen sie sich sehr schnell an den süßen Geschmack und verweigern häufiger die herzhaften Breie oder den etwas bitteren Geschmack von Gemüse. Davon wieder wegzukommen, ist schwieriger als gedacht.

Zucker in Obst ist natürlicher Zucker und daher kein Problem. Anders sieht das bei Obstsäften aus, obwohl der Zucker dort auch natürlich ist. Bekannt ist der sogenannte „Nuckelkaries", der entstehen kann, wenn Kinder häufig und lange an Flaschen mit Obstsaft „herumnuckeln".

Z – ZÖLIAKIE

Zöliakie ist eine Erkrankung, bei der ein bestimmtes Getreideeiweiß, das Gluten, nicht vertragen wird. Dieses Gluten ist in Weizen, Roggen, Gerste und in allen mit diesen Sorten verwandten Getreiden enthalten, wie z.B. Dinkel. Nicht enthalten ist es in Reis, Mais, Buchweizen, Hirse, Amaranth und Quinoa. Hafer nimmt eine Sonderrolle ein: hier gibt es auch glutenfreie Sorten. Gluten ist übrigens ein natürlicher Bestandteil dieser Getreidesorten, kein Zusatz.

Es handelt sich bei Zöliakie um eine Autoimmunerkrankung. Bei Säuglingen und Kleinkindern treten folgende Symptome auf: Bauchschmerzen, Durchfall sowie stagnierendes Wachstum (z.B. keine Gewichtszunahme). Leider gibt es aber auch weniger deutliche Symptome, wie Weinerlichkeit oder Wesensveränderungen.

Wichtig: Wenn es einen Verdacht auf eine Zöliakie gibt, bitte nicht selbst mit der Ernährung experimentieren, sondern mit dem Kinderarzt sprechen. Eine sichere Diagnostik ist extrem wichtig! Denn bei einer nachgewiesenen Zöliakie muss lebenslang eine strenge, glutenfreie Ernährung eingehalten werden. Zur Vorbeugung einer Zöliakie gibt es aktuell diese Empfehlung: Babys sollten mit der Beikost kleine Mengen glutenhaltiges Getreide bekommen, z.B. im Abendbrei oder als Nudeln im Mittagsbrei. Weiterstillen hilft, das Risiko für eine Zöliakie zu senken. Das ist leider keine Garantie, aber auf alle Fälle einen Versuch wert.

Wir hoffen, dass die Informationen und Anregungen in diesem Handbuch dir helfen, der Ernährung deines Babys mit Gelassenheit und Freude zu begegnen. Möglicherweise hast du aber noch Anmerkungen, Unsicherheiten oder in der Auseinandersetzung mit den Inhalten sind neue Fragen aufgetaucht. Dann wende dich gern jederzeit an unsere professionelle **Online-Beratung auf www.elternleben.de**. Hier beraten wir dich gern kostenlos und individuell zu allen Themen rund um das Elternsein.

Quellennachweis

„Ernährung und Bewegung von Säuglingen und stillenden Frauen" B. Koletzko et al

„Gesund ins Leben – Netzwerk Junge Familie" Aktualisierte Handlungsempfehlungen, September 2017

Allergieprävention: Leitlinie unter: https://www.awmf.org/leitlinien/detail/ll/061-016.html, Juli 2014 sowie „Gesund ins Leben – Netzwerk Junge Familie"

„Gesunde Ernährung von Anfang an. Stillen, Säuglingsnahrung, Breie und Beikost" Verbraucherzentrale:. VZ Hamburg, 19. Auflage 2016

„Lotta lernt essen. Stillen, Milch und Babybreie" E. Gätjen, Trias Verlag Juni 2017

„Die neue Babyernährung: Breie und Fingerfood für die Kleinsten" S. Klug, GU Verlag 2013

„Lottas Lieblingsessen" E. Gätjen, Trias Verlag 2014

„Essen kommen. Familientisch – Familienglück" Jesper Juul, Beltz Verlag 2017

„Fütterstörungen bei Säuglingen und Kleinkindern" Irene Chatoor, Klett-Cotta 2012

„Regulationsstörungen der frühen Kindheit" M. Papoušek et al, Verlag Hans Huber 2015

„Rezepte Gesund ins Leben – Netzwerk Junge Familie" https://www.gesund-ins-leben.de/

Wir empfehlen weitere HANDBÜCHER von ElternLeben.de zu den Themen:
BABYSCHLAF / BABYS IM 1. LEBENSJAHR-DIE 4 GRUNDBEDÜRFNISSE / LIEBEVOLL GRENZEN SETZEN / SPIELEN, LERNEN, WACHSEN-DEIN LEBEN MIT KLEINKIND / GLÜCKLICHE BEZIEHUNG

BABYSCHLAF
Für ruhige Nächte mit deinem Baby

Dein Baby wacht nachts häufig auf, schläft nur auf dem Arm ein oder hat einen sehr unruhigen Schlaf? Du bist völlig erschöpft und weißt manchmal nicht mehr, wie du das durchhalten kannst? Mit dieser Erfahrung bist du nicht allein! Das Ein- und Durchschlafen beschäftigt fast alle Babyeltern. Die Gründe für schlechten Babyschlaf können vielfältig sein! Der Tages- oder Stillrhythmus, die Umgebung, gesundheitliche Gründe, Unruhe nach der Geburt und vieles mehr. In der Online-Beratung von ElternLeben.de erhalten wir dazu viele Fragen übermüdeter und verzweifelter Eltern. Deswegen haben wir das Babyschlaf-Handbuch entwickelt!

Erhältlich bei www.tredition.de / www.elternleben.de oder im Handel / ISBN 978-3-7497-3386-6 / Seiten: 84

DEIN BABY IM 1. LEBENSJAHR
Die wichtigsten Infos über die vier Grundbedürfnisse:
SCHLAF, NÄHE, SCHREIEN, NAHRUNG

Ist mein Baby müde? Hat es Hunger oder gerade ein starkes Bedürfnis nach Nähe? Besonders beim ersten Kind ist es nicht immer leicht zu erkennen, was dein Baby gerade braucht und wie du seine Signale deuten kannst. Dieses Buch hilft dir, die Bedürfnisse deines Babys zu deuten und zu erfüllen. Das erste Lebensjahr ist eine prägende und aufregende Zeit.

Erhältlich bei www.tredition.de / www.elternleben.de oder im Handel
ISBN 978-3-7497-3544-0 / Seiten: 36

SPIELEN, LERNEN, WACHSEN
Dein Alltag mit Kleinkind

Durch das rasante Wachstum unserer Kleinkinder wird der Alltag in der Familie immer wieder verändert. Dies ist für viele Eltern eine Herausforderung: Wie gelingt es, das Chaos im Kinderzimmer zu bändigen? Warum beginnt jeder Morgen so stressig? Und die zentrale Frage: Was kann ich konkret tun, um mein Kind gut zu begleiten und dabei selbst nicht auf der Strecke zu bleiben?

Erhältlich bei www.tredtion.de /www.elternleben.de oder im Handel
ISBN 978-3-7497-7494-4 / Seiten: 104

LIEBEVOLL GRENZEN SETZEN
Für Eltern von Kindern zwischen 1 und 5 Jahren

Ich will aber! Brauchen Kinder Grenzen? Im Alltag sind Eltern oft hin- und hergerissen zwischen den Meinungen der Erziehungsratgeber, die unterschiedliche Ansätze vertreten. Zwischen diesen beiden Extremen: „Lass dein Kind doch machen, lass es sich frei entfalten" und „Kinder brauchen klare Strukturen und Strafe muss sein", gilt es als Eltern einen gangbaren, gesunden Weg zu finden. Dieses Handbuch bietet Orientierung und gibt Eltern praktische Tipps und Impulse.

Erhältlich bei www.tredition.de / www.elternleben.de oder im Handel / ISBN 978-3-347-01500-5 / Seiten: 52

LIEBE UND RIVALITÄT UNTER GESCHWISTERN
Was Eltern tun können, um die Geschwisterbeziehung zu stärken

Geschwister leben mit gemeinsamen familiären Werten, Erfahrungen und Traditionen. Die Geschwisterbeziehung ist die längste zwischenmenschliche Bindung im Lebenslauf eines Menschen. Was tun, wenn Geschwister ständig streiten? Was ist der Unterschied zwischen natürlicher und unnatürlicher Rivalität? Lieblingskind oder schwarzes Schaf?

Erhältlich bei www.tredition.de / www.elternleben.de oder im Handel ISBN 978-3-347-02385-7 / Seiten: 88